品牌力量

用**品牌**和**知识产权**策略抓住**新商机**

[英] **希琳·史密斯**(Shireen Smith)——— 著　　**李小霞**——译

中国科学技术出版社
·北　京·

Brand Tuned: The New Rules of Branding, Strategy and Intellectual Property by Shireen Smith.
Copyright © Shireen Smith, 2021.
This translation of Brand Tuned by Shireen Smith is published by arrangement with Alison Jones Business Services Ltd trading as Practical Inspiration Publishing.

北京市版权局著作权合同登记　图字：01–2022–2182。

图书在版编目（CIP）数据

品牌力量：用品牌和知识产权策略抓住新商机 /
（英）希琳·史密斯著；李小霞译 . —北京：中国科学
技术出版社，2022.10
书名原文：Brand Tuned: The New Rules of
Branding, Strategy and Intellectual Property

ISBN 978–7–5046–9683–0

Ⅰ . ①品… Ⅱ . ①希… ②李… Ⅲ . ①品牌战略—研
究 Ⅳ . ①F272.3

中国版本图书馆 CIP 数据核字（2022）第 121246 号

策划编辑	褚福祎	**责任编辑**	庞冰心
封面设计	创研设	**版式设计**	蚂蚁设计
责任校对	邓雪梅	**责任印制**	李晓霖

出　　版	中国科学技术出版社
发　　行	中国科学技术出版社有限公司发行部
地　　址	北京市海淀区中关村南大街 16 号
邮　　编	100081
发行电话	010–62173865
传　　真	010–62173081
网　　址	http://www.cspbooks.com.cn

开　　本	880mm×1230mm　1/32
字　　数	160 千字
印　　张	8.25
版　　次	2022 年 10 月第 1 版
印　　次	2022 年 10 月第 1 次印刷
印　　刷	北京盛通印刷股份有限公司
书　　号	ISBN 978–7–5046–9683–0/F·1025
定　　价	69.00 元

序

当我开始准备推出我的女性智库新平台巾帼巅峰（FemPeak）时，我就知道，所有关于知识产权（IP）的问题必须尽快得到解决。我联系了希琳（Shireen），因为我知道她是一位受人尊敬的知识产权律师，专门研究商标和品牌。她看上去正是我的新事业所需的得力盟友。于是，我们的合作开始了。

很快我就发现，我之前打算用的平台名字并不合适。某个商标所有者可能会因为我使用了相似的名字而起诉我。尽管这个消息令人失望，但我很高兴在事业刚起步时就发现了这个问题。如果我在没有考虑知识产权的情况下贸然使用了那个名字，后面无疑会给我带来极大的不便和压力。

我很快就为我的平台找到了一个新名字：巾帼巅峰，并做了知识产权方面的相关保护。其他人不会再打这个名字的主意了，这让我彻底安下心来。提早关注知识产权还为我提供了另一个重要帮助：当我找人帮忙时，比如找人开发网站时，我就知道要遵守的流程以及要使用的文档了。通过这种方式，我就能确保这些东西的知识产权属于我的企业。

在数字时代，作为一名技术学者、影视制作人和一家为意见领袖提供数字营销服务的小机灵媒体公司（Smart Cookie Media）

的创始人，我再怎么强调知识产权的重要性都不为过。正如我在巾帼巅峰创立之初做过的那样，在业务发展早期关注知识产权方面的事情，可以为你创立自己的品牌打下坚实的基础。

我的平台仍然处于初创阶段，我们仍在摸索适合的商业模式，仍在试图了解人们的需求，努力认清巾帼巅峰能为他们提供什么独特的价值。我在不断明晰自己的愿景，厘清自己的价值观。希琳认为创始人的经营理念和世界观是品牌的基础，对此我完全认同。在我撰写的《职业恐惧和战胜之道》[*Career Fear* (*And How to Beat It*)] 一书中，我也强调过了解自己的重要性。如果不了解自己，我们如何能清楚地表达我们品牌的信念和内涵呢？如果不了解自己，我们如何知道在市场中如何改变才会让客户满意呢？了解自己，是定义品牌、建立制胜战略、发展业务的起点。

尽管讲解品牌建设的书很多，但本书与众不同，因为它讲解了品牌建设领域方方面面的内容。我喜欢这本书是因为它的理念是建立在最新的研究基础上的，它对品牌如何成长、如何开发独特的品牌资产有独到的见解，同时它涵盖了知识产权方面的内容。鉴于希琳在这一领域的丰富经验，她无疑是写这本书的最佳人选。这本书探讨了知识产权对品牌决策的影响，以及它在商业领域的核心地位。总之，她深入浅出地介绍了这个复杂而混乱的主题。

这本书会让企业主或者市场营销人员大开眼界。如果你关心如何创建独特的品牌，如何以适合自己和自身业务的方式建立品牌，如何在这一过程中避开陷阱，那么这本书就是你的必读书。弄清楚哪些属于你、哪些不属于你，弄清楚如何避免与他人的品牌混淆，这些都是最基本的事情。当我决定创建数字资产和其他资产，并要保护这些资产时，我会遵循这本书的指导。

如果你想了解品牌化包括什么，想了解如何利用知识产权创建强大的品牌，这本书就是你至关重要的信息来源。在这本书的指导下，你可以遵循成熟的流程和清晰的路径，采取必要的行动来创建你的品牌。如何确定你的业务和品牌，如何围绕品牌思路选择名字、标识、音乐以及其他品牌元素——所有这些内容在本书中都能找到。

——索米·阿里安（Somi Arian）

致谢

　　我想感谢以下与我在播客和其他渠道共同讨论过品牌建设的朋友们，他们的见解帮助我构思出撰写这本书的思路：马克·里特森（Mark Ritson）、亚当·摩根（Adam Morgan）、菲尔·巴登（Phil Barden）、兰德·菲什金（Rand Fishkin）、克里斯·拉德福德（Chris Radford）、威尔·克里奇洛（Will Critchlow）、安妮·查瑟（Anne Chasser）、丹尼尔·格林伯格（Daniel Greenberg）、贾尔斯·爱德华兹（Giles Edwards）、JP. 卡斯林（JP Castlin）、斯蒂芬·威拉德（Stephen Willard）、布拉德·范奥肯（Brad VanAuken）、德里克·戴耶（Derrick Daye）、约翰·威廉姆斯（John Williams）、钱德雷什·帕拉（Chandresh Pala）、布赖尼·托马斯（Bryony Thomas）、苏珊·佩顿（Susan Payton）、戴维·B. 霍恩（David B Horne）、罗尼·福克斯（Ronnie Fox）、克莉丝·莱特富特（Chrissie Lightfoot）、斯蒂芬·罗伯逊（Stephen Robertson）、杰里米·米勒（Jeremy Miller）、莱万特·耶尔迪兹戈伦（Levent Yildizgoren）、亚历克斯·汉密尔顿（Alex Hamilton）、西蒙·班克斯（Simon Banks）和达琳·哈特（Darlene Hart）。我的灵感来自一位品牌和营销领域的杰出女性苏菲·德文西亚（Sophie Devonshire）的作品。

此外，我还要感谢露西·麦卡拉赫（Lucy McCarraher）、乔·格雷戈里（Joe Gregory）、露西·沃纳（Lucy Werner）和丹尼尔·普里斯特利（Daniel Priestley），他们在本书撰写的各个阶段都给予了我宝贵的指导。同时也感谢迈克尔·哈里森（Michael Harrison）、西蒙·塞拉斯（Simon Sellars）和尼克·托马斯（Nick Thomas）为客户们提供了出色的法律支持。没有他们，我几乎没有时间完成这本书的写作。还要特别感谢卡米莎·厄里（Camisha Early）对本书的设计和调研提供的大力支持，也感谢丹尼斯·布雷迪（Denise Brady）和爱丁·穆西奇（Edin Mucic）。如果没有艾莉森·琼斯（Alison Jones）和贝琪·布什（Becki Bush）的指导，这本书也不可能顺利付梓。感谢他们和整个务实启迪出版公司的团队。最后，我要特别感谢我的丈夫保罗（Paul），以及女儿克洛伊（Chloe）和莉莉娅（Lilia），你们对我同样重要，感谢你们一直以来对我的支持，甚至对书中的某些章节给予了反馈。

前言

为什么要把"品牌"作为发展业务的基石？为什么要创建品牌？创建和培育一个强大的品牌需要什么？如何让你的品牌脱颖而出？做一个时髦的徽标、一套漂亮的设计是否就是品牌建设？品牌如何帮助你的企业取得长期成功？

我很早就想写一本书来回答这些问题。自2005年以来，我既做过企业主，又做过商标律师，为其他企业提供品牌保护服务，尽管如此，在面对这些问题时，我自己仍然缺少清晰的答案。这也是我想写这本书的原因。

我一直想弄清楚品牌建设中的各种问题，这样我就能解释为什么在这个过程中必须考虑知识产权（Intellectual Property，简称IP）方面的事情。为了经营自己的企业，我学习了市场营销和品牌建设方面的知识；此外，作为一名知识产权律师，我有20多年品牌保护方面的经验。我遇到过一些企业，他们的早期决策让他们的业务发展遇到了不必要的困扰，有些甚至因此破产。所以，我希望通过这本书特别强调，在创建品牌时将知识产权作为首要的考虑因素，可以提高企业的工作效率。

当我动笔写这本书的时候，我很快就发现，品牌建设领域是一个雷区，充满了彼此冲突的建议和多学科的交叉。在这个领域中，知识产权的作用在很大程度上不是被边缘化了，就是被误解了。由于术语不同、以讹传讹、商业炒作和大众心理等问题，许多关于品牌建设的建议都是相互矛盾、难以理解的。人们普遍认为，知识产权法保护的是你已经创造出来的东西，而这种保护是一项独立的工作，可以在你取得商业成功以后再做。

当你将自己的知识和技能变成一个业务和品牌时，你就创造了一个知识产权。因此，有必要用知识产权法来指导你的决定。尽管前面提到过，"品牌"是成功企业最重要的知识产权，会影响企业的收入和价值，但品牌建设领域往往缺少对知识产权的关注。

因此，我决定创建一套框架，我称之为"品牌力量优化框架"（TUNED framework），用来指导企业构建业务和塑造品牌。我在后面会详细介绍这一框架。

我在品牌建设和知识产权领域中的探索

我见过很多人因为在创建品牌时没有考虑知识产权方面的事情而出现了问题。在我的客户和潜在客户中，在我周围的社交圈中，我知道不少人都对品牌和知识产权方面的事情存在错误的认识，从而受到了误导。

我建立了一个播客栏目，采访了不少设计师、营销人员和企业家，希望了解他们的品牌建设情况，了解品牌在商业成功中扮演的角色。我从局外人的角度观察这个领域，发现学术书籍中关于品牌管理方面的理论很难用到实践当中。我估计这类书籍很大程度上是写给其他学者看的。在我关注的所有书籍中，对于打造一套有效的品牌所涉及的基本要素，均没有统一的术语或者共识。

为了寻找更严谨、更科学的品牌建设方面的资料，我一路找到了南澳大学（University of South Australia）埃伦伯格–巴斯营销科学研究所（Ehrenberg-Bass Institute for Marketing Science）。他们围绕市场营销进行了一系列研究。这个研究所的教授们撰写的书籍——拜伦·夏普（Byron Sharp）的《非传统营销》（*How Brands Grow*）①、珍妮·罗曼纽克（Jenni Romaniuk）的《打造独特的品牌资产》（*Building Distinctive Brand Assets*）——戳穿了许多伪科学和营销神话。然而，他们的一些说法也带来了新的问题。

我在本书中想强调品牌建设和品牌保护这两个工作领域之间存在的巨大鸿沟。由于人们对品牌和知识产权概念的错误认识，以及上述鸿沟的存在，让问题更加恶化：如果你在创建品牌时没有考虑知识产权法，那么你将面临巨大的问题，很难以合理的代价建立起有效的品牌。要想把这两个领域结合在一起，就需要学

---

① 此书由中信出版社于 2016 年出版。另，本书中涉及的图书等如有简体中文版，将采用简体中文版译名，方便读者参考阅读。——译者注

习新的东西，学习品牌建设的新规则。

为了列举其中的部分规则，我必须首先弄清楚夏普的理念引发的一些争议。因此，我走访了一些人，请他们谈谈对这些理念的思考，谈谈他们对品牌建设核心概念的理解。通过这种方式，我对这些关键争议形成了自己的看法，并在本书中进行阐述。

为什么要听我的

我是谁？为什么要在品牌建设这件事上听我的？作为一名知识产权律师，我的大部分工作都涉及商业和品牌方面的问题。同时，我是一个很有创造力的人。在从事法律工作之前，我也考虑过做时尚设计或者建筑师。从这两个职业的角度出发，我也可以同样轻松地来到现在这个位置，和你谈论品牌建设。

人们对律师有一种刻板印象，认为这类从业者缺乏创造力。通常，人们认为律师是惯用左脑思考的人，就是说，律师只擅长逻辑分析。但事实是，法律事务离不开创造性思维，但这一点经常被忽视。此外，针对人类存在左脑或右脑偏好这一假设[1]，神经

---

[1] "通过静息状态功能磁共振成像来评估左脑和右脑假说（An evaluation of the left-brain vs. right-brain hypothesis with resting state functional connectivity magnetic resonance imaging）"。

学家对1000人进行了核磁共振成像结果验证。结果发现，我们大脑一侧的神经网络并不比另一侧的神经网络更强大。

很多人误认为品牌建设必须由创意人士操刀，这种误解导致人们过早地求助于设计师。然而，如果在不考虑知识产权和业务思路的情况下创建品牌，最终可能会收效甚微，甚至得到一个毫无价值的品牌。你花的钱可能全都打了水漂。这本书中的品牌力量优化框架可以帮助你采用正确的方法，建立自己的品牌。

我们都会有某种内驱力，被某件事吸引，想解决某些问题、改善某种现状，或是想在某个特定领域做出改变。我最热衷研究的就是品牌建设。我之所以对它着迷，是因为品牌建设既带有强烈的个人色彩又直指业务核心。如何规划业务、如何打造品牌，这些决策是你作为企业创始人的工作核心，也是你成功的基础。

助你踏上成功之路

做生意能否成功没有一定的规定。但无疑，某些基本决策能让你比其他人更容易成功。如何设计你的业务会对业务的发展产生长期影响。因此，你要全面考量，打造出独特的品牌，才能在市场上脱颖而出。

商业中天生就有知识产权。它并不是你的业务兴旺后才需要意识到和保护的东西，等到那时再做，可能为时已晚。我写这本书的目的就是，让任何有志于打造自己的品牌、用正确的方式建设品牌的人，都能学会在知识产权领域做出正确的决策。

本书的读者是那些想要了解如何打造自己的品牌、想要考虑知识产权的企业主们。无论企业的规模大小，品牌问题都很重要。要想做出正确的决策，你获得的信息必须正确。正因为如此，读一本好书不仅是一种乐趣，也是企业家的一种责任。把这本书看作是你对品牌建设的投资吧。

为了让这本书适应国际上的不同情况，我只会在概括性的层面上探讨知识产权的问题。

🐬 如何使用本书

如果我在阅读品牌建设的书籍时都感到困难重重，那么我怀疑，创业者和企业家们要想弄清如何建设品牌、向谁学习，也同样不轻松。这就是品牌力量优化框架的切入点。这个框架从我的访谈、调研和经验出发，循序渐进，方便读者在规划业务和建设品牌时按部就班地解决问题。本书强调，在进行视觉形象（Visual Identity）设计和品牌建设之前要深入思考品牌问题。视觉形象设计要放在最后做，而业务战略要在品牌战略之前明确。我见过不少企业主，刚有业务创意就直接进行品牌的视觉形象设计。他们这么做，就是没有对自己的商业理念进行深入地、充分地思考。开发出一套成功的商业模式，制定出明确的品牌战略，才是重中之重。

至于如何阅读这本书，完全取决于你的习惯。不过，我个人认为最高效的方法是先快速浏览一遍，然后再回到这个框架中你特别感兴趣的章节细读。根据你的业务发展所处的阶段，你可能会回到本书的第四部分，专注于品牌命名的问题。如果你在通览全书后，发现自己准备进行视觉形象设计，那么务必细读第四章。如果你只是想了解品牌建设中的知识产权问题，可以阅读第二、三、四、八、九和十一章。

以下是本书各章节的概述：

第一部分：品牌基本知识

第一章解释了品牌、品牌建设以及其他常见术语的含义，解释了"品牌"为什么重要。本章为建设你的商业品牌奠定基础。

第二章概述了品牌建设中的三个基本问题：忽略知识产权问题；不合格的服务商提供的品牌建设服务；小企业在建设他们的品牌时缺少支持。

第二部分："T"——知识产权想在前

第三章全面介绍了品牌力量优化框架中的第一个元素：知识产权。主要讨论知识产权是什么、为什么重要，以及在实践中，

"产权"这个词到底意味着什么。

第四章介绍了买家关注品牌的思路和过程，当你要为自己的品牌创建某种品牌资产时要考虑的问题，以及产权保护在维护品牌独特性方面的作用。

第三部分："U"——深入理解市场

第五章探讨为了将你的想法推向市场，思考商业概念和发展战略的重要性。这一章强调思考自身的愿景、使命、价值和目的以及制定商业战略的重要性。

第六章的内容包括：全面思考你要开展的业务，为理解客户需求开展调研。要想了解市场，关键是要了解自己。

第七章探讨了市场定位和差异化策略是什么？你的产品和服务定位如何影响业务的成功？在了解了夏普关于辨识度和差异化的理念后，你该如何打造自己的差异化策略？

第四部分："N"——为品牌正确命名

第八章探讨了品牌力量优化框架的第三个元素：品牌命名（Naming）。这里着重阐述命名的层次结构，方便你有策略地开展命名工作。

第九章讨论了品牌名称的重要性，并澄清了一些普遍存在的误解。本章列举了各种类型的品牌名称，并解释了商标会如何影响你的品牌名称。

第十章解释了在命名个人、企业和产品品牌时涉及的因素，以及在为自己的企业起名时需要参考的一些标准。

第五部分："E"——建立品牌战略

第十一章重点讨论品牌力量优化框架的第四个元素：建立品牌战略。这项工作的重点是决定品牌战略和阐明品牌身份。这些都是开发品牌视觉形象的先决条件。

第六部分："D"——推动品牌战略

第十二章阐述品牌力量优化框架的最后一个元素，主要讲解在创建品牌后，如何继续建设品牌。你应该关注哪些地方，以及如何在提高销量和打造品牌之间合理分配预算。

总结是对本书内容的一个简短总结。

目录

品牌力量
用品牌和知识产权策略抓住新商机

第一部分
品牌基本知识

在这一部分中，我们将探讨和品牌相关的常见术语，解释"品牌"为什么重要，并将概述品牌建设中的三个基本问题。

第一章

品牌是什么？为什么品牌如此重要？

人们经常谈论品牌和品牌建设，但他们的谈话仿佛是深夜里驶过的船只，彼此的内容毫无关联。这种情况非常普遍，因为术语本身就模糊不清。即使是经历过一整套品牌建设的人——比如我自己在创业时就经历过——也无法从自己的经历中清晰地分辨出什么是"品牌"（brand），什么是"品牌建设"（branding）。

意外的是，专家们对这些术语也没有公认的定义。所以，就让我们从品牌建设的起源开始谈起吧。

🧭 品牌建设的起源

"品牌"这个词在英文里叫"brand"。"brand"也有"烙印、火印"的意思，最早是指用烙铁在牲畜身上烙上识别标志。这么做最初是为了让农场主能够识别自家的牲畜。除了辨认身份，烙印也让农场主的牛成为独一无二的东西。有些烙印会包含农场的名字、标志，甚至牛主人的名字。如果有人偷了牛，牛身上的这些烙印就是明确的盗窃证据。所以，农场主们用"烙印"这种方式实现了几个目的：

- 一个合法的身份标识；
- 一个有形的、可见的身份标识；
- 一个把牛和牛主人联系起来的有效方法；
- 一个把自己的牛和其他人的牛区分开的方法；
- 一个农场的声望代表。

只要看到牲畜身上的烙印，人们就能认出这是谁家的牛，同时也能看出这些烙印和农场主或农场之间的联系。人们很容易知道这些身强体壮、数量多、品质好的牛是哪家的。"那些都是米勒先生家的牛。他拥有5000头牛，他家的农场算得上这一带最大的。看他的牛多健康！能有那么多牲畜，肯定是个大农场。"

烙印还能防止牛被偷。偷牛就像偷了一辆某企业的车，而车子上刚好印有企业的标识和车主的名字。

古希腊人用双耳瓶装橄榄油或葡萄酒销售。他们在瓶身上打上烙印或者说商标，这么做可以帮助人们识别橄榄油或葡萄酒的来源，既能在买家的眼中树立价值，又能为生产商或分销商建立声誉。这些烙印，就是最早的品牌。

🡒 现代商业对"品牌"的定义

由此可知，品牌一直与身份识别、所有权和价值有关。这一点在今天适用吗？

如今，一提到品牌的定义，人们可能会引用著名的网购平台亚马逊的创始人杰夫·贝佐斯的话："你的品牌就是人们在你不在场时对你的评价。"或者说："你所做的一切构成了你的品牌。"但依我之见，这样的陈述要么语焉不详，要么混淆视听，并没有说清楚品牌究竟是什么。

2011年，在我写第一本书《品牌合法之路》（*Legally Branded*）时，我询问了周围的人，想看看这个经常被人挂在嘴边的词对他们到底意味着什么。当时，我听到的最好的回答是：

- 品牌是一个组织的脸面和灵魂。

- 品牌不仅是个性，不仅是声誉，不仅是承诺，它还是企业独一无二的DNA。

沃利·奥林斯（Wally Olins，国际品牌专家）是品牌和品牌建设领域的思想领袖，他在《沃利·奥林斯的品牌术》（*Brand Handbook*）①一书中对"品牌"做了以下定义：

一个品牌是指一个充满个性的企业，或是指一款产品，又或

---

① 此译本由清华大学出版社于2012年出版。——译者注

是一项服务……品牌可以同时概括重大和重要的问题、表面和琐碎的问题……品牌不仅是一种设计和营销工具，它还应该影响公司里的每一个人；品牌是一种协调资源，它能使公司的各项活动连贯统一，最重要的是，它能使组织的战略为公众所见。

我还参考了其他权威文本，比如让–诺埃尔·凯费洛（JN Kapferer）在其著作《品牌管理新战略：先进的洞察力和战略思维》（*The New Strategic Brand Management: Advanced Insights and Strategic Thinking*）中，对品牌提出了国际公认的法律定义：“品牌是一个或一组符号，用来证明一种产品或服务的原产地，并使其区别于竞争对手。”

品牌名称通常是消费者识别产品和服务的首要方式，也是你希望消费者用来将你的产品和服务区别于竞争对手的“符号”。其他标识企业身份的符号还包括徽标、图案和标语口号等。但是，在这些符号中，哪些是组成品牌的要素？没有这些要素，品牌还叫品牌吗？

“品牌”与“产品、服务、业务”

在本书中，我们有时会交替使用品牌（brand）、业务（business）、产品（product）或服务（service）这几个词。不过，要记住的是，这些词其实代表着不同的东西：你的业务就是你的企业——生产产品、提供服务、解决客户需求的组织。业务提供产品和服务，这些产品和服务可能有独立的名称，也可能没有。你的品牌是你的业务的身份和声誉，是消费者感知你的业务的方式。在本书中，你可以根据上下文，看出是否需要区分这些名词。

在学术界，研究品牌的专家们对品牌的"正确"定义一直争论不休。

这些争论主要分为两大阵营。一方强调的是消费者与品牌的关系，将关系作为品牌定义的主要元素；另一方则强调品牌创造的货币价值。不过，两大阵营都承认，上述两个因素都很重要。从本质上讲，品牌就是你创造出来的、让顾客对你的产品和服务产生购买意愿进而产生忠诚度的表现方式。

无论"正确"的品牌定义是什么，在我看来，用一种更好理解的、更贴近实际的方式来解释"品牌"会更简单，也更有益处。我们不用抽象的定义，我们只用将它和人的品性及声誉进行类比就够了。一个品牌，无论它是怎么样的，它都是一种身份。因此，如果换个思路，想想我们对人形成印象的过程，想想我们在谈论他们时头脑中唤起的记忆，然后将这些套用到商业品牌上，我们就会清楚了。

当我们遇到某个人时，我们对他们的总体印象其实是一个组合，包括这个人的各种特征以及品质。我们会将个体的独特身份、性格和气质放到这个组合中。我们每个人都有自己的名字、穿衣习惯、说话风格和行为方式。别人会知道我们喜欢谈论哪类话题。我们都有自己的独特外表、信仰、观点和风格。我们当中有的人精力充沛，有的人性情平和；有的人笑口常开，有的人严肃拘谨；有的人很外向，有的人很内敛。渐渐地，我们对某人越来越了解，我们会看到他与众不同的一面，并对他形成一种独特的感觉。我们甚至能预测他在某些状况下会有什么反应，对他会选择坚持到底还是半途而废心知肚明，等等。

当我们听到一个人的名字时，脑海中会产生一幅画面、一系列的联想。我们对这个人的看法源自对方留给我们的各种印象，这可能包括：他的名字和外貌、他的身份带给我们的感觉、他的独特魅力以及他带给我们的情绪。这就是他的声誉——或者就我们的主题而言，这就是他的品牌。不过，在日常生活中，我们并不会说我们喜欢某个人的品牌，而可能会说我们喜欢某个人的个性——这是我们对一个人的所有了解和感受的简称。当你对一个业务而不是一个人思考同样这些事情时，我们就称这些为业务的品牌。

因此，品牌是一种感知，是产品或服务在客户心中的地位。你可以尝试用积极的方式去影响和定义你的品牌。品牌就是我们通过自身体验对业务形成的印象。当我们听到一个企业的名字，而这个名字我们以前听到过，我们在脑海中就可能产生某些联想。这个名字激发起我们的回忆。这些回忆可能包括这家企业的产品或服务，我们与企业代表的互动，我们获得的售后服务，等等。这个业务在网站上的介绍，在博客上的图文、视频内容，在社交媒体上的文章，以及这个业务开展时的产品、服务质量和客户的感受：所有关于这项业务的体验，构成了外部世界对这个业务的整体印象。所以人们才会说，你所做的一切构成了你的品牌；人们才会说，每个业务——不管他们自己是不是意识到了——都有自己的品牌。

当你的业务越来越被人熟知，你就会在别人心中唤起一定的反应。正如对某个人的看法因人而异一样，人们对某个品牌会产生不一致的感觉或印象，但同时也会有一些共性的感受，这些共性感受会得到大多数人的认可。同样地，你的业务也会以某种特别的方式引起顾客和其他人的注意。你也许会试图影响人们对你品牌的看法，但最终，你的品牌就是客户对你业务的看法。

会因为业务太小而不需要品牌吗？

一些企业主认为品牌的概念对他们并不适用，因为他们的业务规模很小。他们认为，只有知名的、家喻户晓的企业才需要品牌，小企业的规则与那些众所周知的大企业的规则不同，那些关于知名品牌的案例研究也与他们无关。

然而，我们今天熟知的所有大企业都是从小企业起步的。如今家喻户晓的企业都是因为推出了满足市场需求的产品或者服务起家的。随着时间的推移，这些企业提供的产品和服务获得了市场的广泛认可，他们通过良性的管理和运营，一步步打造出了自己的品牌，因此变得家喻户晓。好品牌并不是偶然产生的。我们在业务起步时，就需要对品牌进行积极的管理，这样才能建立起品牌。

有些品牌只是没有其他品牌那么出名而已。有些可能只是在当地小有名气，有些可能刚刚起步，还不为人所知。如果你对企业的发展有远大理想，那么思考品牌建设这件事永远不嫌早。

设计一个商业品牌

个人形象和商业品牌之间的一个关键区别就是，个人都有长期以来形成的个性。他们的生活背景、价值观、信仰影响了他们的个人形象。你当然可以管理自己的形象——掌控自己呈献给他人的面貌——选择性地透露自己的情况，选择性地谈论公开话题，但你通常不可能完全脱离个人历史包装自己的形象。换句话说，一个人不可能像初创企业那样，完全是一张白纸。

初创企业没有背景或者历史，你可以按照自己的想法创造品牌。

你的品牌代表了什么，它在别人眼里是什么，它包含了什么承诺，这些都是最核心的问题，需要你想清楚。这本书就是帮助你思考这些问题的。

重要的是：与其让你的品牌随意发展，听天由命地获得声望，不如你自己主动设计业务，主动影响品牌的发展。你可以深入思考你的业务目标，借此影响人们对你的业务的看法。品牌会受到你的价值观、目标、立场和信念的影响。你所能期望的就是这个品牌能逐渐发展，并获得你想要的声誉。

要认真管理你的品牌。这一工作应该自始至终贯穿在你的业务进展中，因为它不是一件一劳永逸的事情。你的业务的每一个环节，都有它的身影。并不是每一家企业都能打造出成功的品牌，成为一群消费者认可的供应商。当然，你可以认为任何企业都有自己的品牌，但即使采用最宽松的标准，一个像样的品牌也需要有一个本身就要有吸引力的名字——即使最初只是在一小群人中有吸引力。

🔄 设计品牌不仅仅是设计外观

品牌设计要讨论的是业务如何运作，而不仅仅是它的外观。

正如苹果公司创始人史蒂夫·乔布斯所说："有些人认为设计仅仅是外观设计；但是如果深层次挖掘，设计的真正含义是业务的运作方式。"

在本书中，当我们谈论商业或者品牌设计时，我指的就是上述这个意思。我们谈论的是广义的设计，指的是某个业务是如何运作的。当我们需要谈论某些东西的外观时，我们将使用"视觉形象设计"（visual design）这个词来代替——希望这样能加以区分。

尽管人们很容易达成共识，一个品牌不仅仅是一个徽标，但他们做的往往与他们说的不一致。这样的事屡见不鲜。当人们有了一个新想法时，他们首先做的就是向设计师和创意机构寻求建议。在我们的社会中，将品牌建设与视觉形象设计挂钩似乎是根深蒂固的观念。我的建议是，当你准备创建一个品牌时，要有意识地克制自己，不要忙着去搞视觉形象设计。这个建议对我而言也同样适用。当我在2019年到2020年开始对我的业务做出一些改变时，我一直阻止自己直接去找设计师。我意识到首先需要做的是设计业务和品牌，进行一些思考，而不是忙着去关注视觉形象的事情。如果我那时考虑视觉形象设计，反而会分散我的注意力。

在帮助品牌唤起和传达整体印象和感受方面，视觉形象设计工作很重要。但是，如果你不首先关注品牌代表了什么，它的价值观是什么，它传达了什么承诺，以及你将如何满足市场需求、如何创建一个成功的企业，那么再好的视觉形象设计也不能把你的企业变成一个品牌企业。尽管外表呈现的形象很重要，但品牌建设并不仅仅关注视觉呈现，它更关注实际层面的东西。还记得我之前拿人的形象与企业品牌做的类比吗？长相是我们对一个人的整体印象中的一部分，但还有许多其他因素决定了这个人的形象。商业品牌也是如此。

⤳ 设计品牌不仅仅关乎声誉和形象

尽管企业对自己的声誉和外在形象非常敏感，但品牌并不等于声誉和形象，同样，品牌也不等于徽标。声誉管理作为一个概念，是一个过度防御性的概念，往往导致决策过程过于谨慎。由于担心损害企业声誉，它的重点在于四平八稳。这与品牌作为企业价值观的捍卫者这一理念并不相符。设计一个品牌并不是一种防御性的、被动型的活动——你设计的不是一个一成不变的东西——它是一个主动的、积极的、充满生命力的东西。设计品牌不是要讨好所有人，而是要表达出自己的观点。

虽然我们可能会说，我们在推出一个品牌，但我们实际上推出的是一种产品或服务，希望借此发展出一个品牌。最终，这种产品或服务会唤起人们的记忆，联想到我们的品牌。随着时间的推移，品牌会成为企业和顾客之间不成文的契约：这就是所谓的

"品牌承诺"（brand promise）。品牌必须保持它的形象，不断增加其和产品、服务之间的联系。它必须忠实于自己：忠实于自己的使命，忠实于自己的客户。每个品牌都可以自由选择自己的价值观、目标和定位，但一旦做出了选择，且为众人所知，那么它就会成为衡量客户满意度的标准。客户满意度的决定性因素是客户的期望值与他们实际体验之间的差距。品牌的定位设定了这些期望值。如果品牌的表现符合客户的期望值，那么这个品牌的名字就代表了信任、尊重，甚至情感投入。

⌘ "品牌建设"的定义

所以，如果品牌指的是一个名字，能够影响买家的行为，那么品牌建设就是围绕定义和发展这个名字而开展的活动。品牌建设工作就是要确定品牌的形象、价值观和理念，要让企业自己的产品成为这个产业圈中的代表，并获得市场的认可。它要调动企业的内部资源，体现出品牌的意义，使其区别于竞争对手。上面提到的所有元素，以及其他元素——比如客户的全程体验、企业接听电话的方式，每一处细节，包括你的品牌的视觉形象设计——都是品牌建设的内容。在这个过程中，你需要运用你最好的战略思维，定义和发展你的品牌。你会一步步弄清自己的经营理念和业务逻辑，逐步形成自己的品牌。在这个过程中，如果需要的话，你可以寻求一些帮助和指导。

一旦明确了心目中理想品牌的样子，并建立了你的品牌战略，你就可以进行视觉形象设计，赋予你的品牌一个视觉形象和名称了。视觉形象设计是企业的一张面孔，帮助买家把你的企业和其他企业区分开来。如果买家曾经见过你的品牌，那么下一次他在市场上或者广告中再见到时，就会认出来。在委托创意机构推广你的品牌之前，设计一个让人眼前一亮并能记住的视觉形象是非常重要的。

人们经常错误地认为品牌建设是市场营销和公关团队要做的事情。其实，他们是投入了太多（甚至全部）精力用于视觉设计和营销活动上了。

品牌建设工作远不止这些。它需要在企业的创始人或者领导者的带领下完成。它需要有一个长期的、战略性的规划，才能把产品和服务转化成一个品牌。

"品牌建设"和"市场营销"

人们喜欢购买有品牌的产品或服务，但品牌建设并不能取代市场营销。这两者都是必要的。

市场营销和品牌建设非常不同。市场营销指的是把你的产品或者服务推向市场，宣传你的品牌，开展客户沟通等活动。所以，市场营销与品牌建设这两个工作有重叠，但又不同。

市场营销的目的是预测特定消费群体的需求，并推动企业针对这些需求提供产品和服务。当你向市场推出新产品或者新服务时，做好市场营销至关重要。它可以帮助你了解市场，避免你浪费时间产出一个不能满足客户需求的产品。而品牌建设是指你已经决定了要提供什么产品或服务，并对市场进行了测试之后，为把你的品牌推向市场所做的一切事情。它决定了你的品牌代表的是什么，你的产品看起来是什么样子、带给人们什么感觉。

>>> 本章要点 <<<

- 品牌是我们通过体验，对一个业务形成的印象。
- 你的价值观和你的目标会影响你的品牌。
- 要先弄清楚你的经营理念和业务逻辑，然后再逐步建立起你的品牌。
- 品牌建设是定义和发展品牌的活动，它贯穿你的商业历程的始终。
- 要为你的品牌起一个名字，设计一个视觉形象，以便唤起人们的记忆。

第二章

品牌建设中的三个基本问题

既然我们知道了品牌建设是什么，那么是时候看看影响品牌建设效果的基本问题了。企业主除了对品牌和品牌建设这两个术语的理解存在偏差外，还存在三个主要问题：

- 从一开始就忽略了知识产权问题。
- 不合格的服务商。
- 对小企业缺乏支持。

🌀 从一开始就忽略了知识产权问题

互联网让创业变得非常容易。你可以成立一家公司，注册好网站域名，根据业务需要购买网站模板，雇几个自由职业者或者代理机构来帮助你做品牌建设和市场营销的事情——然后你就可以按照自己的想法开展业务了。因此，企业的数量大幅增加。其中一个现象就是，法律建议经常遭到忽视。人们以为自己只需要请律师起草好协议、注册好商标就够了。对许多中小企业而言，搜索引擎搜索似乎就可以取代正规的法律咨询。虽然搜索引擎搜索让查询法律建议变得更方便，但缺点也很明显。利用搜索引擎寻求法律建议的最大问题是，你并不知道其实你不知道。而当你不知道自己欠缺什么知识的时候，又如何能搜索出来呢？又如何知道你搜索出来的结果适合你的情况呢？

如果我们对每年破产的企业做一个调查，估计会发现其中很多企业都败在没有重视知识产权的问题上。人们对于版权（copyright）①和知识产权法的保护范围普遍缺乏明确的认知，这为企业带来了很多问题。人们不知道哪些名字可以使用，也不知道哪些书面材料可以自由使用。我们将在下一章详细地讨论知识产权问题。一个常见的错误是选错了名字。这个问题我们会在第四部分详细说明。

下面就是一个例子。在我遇到的一个案例中，一位企业主花了10万英镑在网络上创建了自己的企业。他找了一家代理机构，为他做了一个非常棒的网站，网站的视觉形象设计也非常吸引人。他每月在社交媒体上花费数千英镑做市场营销和广告，吸引流量关注他的业务。然后他遇到了问题：他所在行业里的龙头企

① 这本书是基于英美法系写的，英美法系和中国采用的大陆法系有所不同，本书中相关法律内容仅供读者参考。——译者注

业和他在域名的使用上产生了争端。他们认为他使用的域名和他们的品牌名相似。结果就是，他的域名被永久关闭了，他不得不用一个新域名重新开始。他为推广这个域名在搜索引擎上花的钱都打了水漂。不出所料，他的企业再也没有从这次挫折中恢复过来，不久就倒闭了。

在建立企业或者建设品牌时，考虑知识产权是非常重要的，如果你正要为一个项目投入大量资金，就必须考虑这件事，以免跌入类似的陷阱。将你的创意、知识和技能转化为商业行为涉及许多知识产权方面的决策，正因为如此，在投资网站、建设品牌和市场营销之前就要先考虑知识产权，这一点很重要。

李逵还是李鬼? [1]

在前面的例子中，那个企业主的痛苦其实完全可以避免。他的问题是没有意识到，使用与竞争对手相似名字的行为是完全不可行的。人们有一种常见的误解，以为在名字中加个符号或者稍微改一下名字就可以和另一个品牌共存。我不清楚人们为什么会有这种误解。因为所有人都知道，如果一个奢侈品手表的品牌叫"劳莱士"而不是"劳

---

[1] 原文为"By any other name"，作者想表达的意思是名字过于相近引发混淆。——译者注

力士"，肯定会让人摸不着头脑的。然而，出于某种不可言说的缘故，他们在为自己的业务选择品牌名称时，却认为这种麻烦不存在！

不合格的服务商

如今，在品牌建设这个领域中的服务商很多，鱼龙混杂。你可能会觉得选择多是好事——但实际上进入这个领域的门槛很低。任何为客户提供网站或者社交媒体服务的新媒体公司，都可以、也确实在为客户提供品牌建设服务，这好像成了他们的主营产品或服务中的一项附加服务。

如果把这些服务商放在一个标尺当中，标尺的一端是完全不合格的服务商，他们的主营业务不是品牌建设，但他们把品牌建设看成是一种附加服务，为客户提供徽标设计和视觉形象设计服务。这类公司包括网站设计公司、市场营销公司、广告公司、社交媒体或者数字营销机构，还包括内容营销商、平面设计师、产品设计师，等等。标尺的另一端是经验丰富的品牌建设专家经营的品牌建设公司。不过这些机构各自的风格和手法也都大相径庭。

市场上这类服务商太多了，客户在购买品牌建设服务时很难知道他们购买的是什么。很难从外表看出和他们打交道的服务商是否了解品牌建设和知识产权方面的事情。大多数企业主都认为，为自己品牌建设服务的服务商知道这个领域中的一切，包括法律——这很好理解。但在设计师和营销人员通常掌握的技能中，并不包括知识产权法。事实上，他们中的许多人对知识产权知之甚少。而且，由于知识产权的复杂性，这种半吊子的情况很危险。

下面是一个例子。最近，我遇到一位设计师，她在一个我们都能访问的在线论坛上，给她的客户提出了一个非常明确、着重强调，但不幸是非常错误的建议。她的客户问了一个关于商标名字的一般性问题，而这个设计师坚持认为，除非是你自己造的词，否则你不能把一个大家都用的词注册成商标。她解释说，比如这样的词，"革新胶"（Evo-Stick）或者"特趣"（Twix），可以做商标；而普通词语不能做商标，因为这样做，大众在日常使用这个词语时就会造成侵权。她接着非常自信地解释说，你可以为一幅图像注册商标，但它必须"与其他任何现有的图像都有至少20%的不同"。她完全没有意识到，关于什么可以做商标名称、什么不可以做商标名称，她传达出的信息都是错误的。事实上，你可以为一个普通词语注册商标，而且也没有规定说，你只能为一张和其他图像有至少20%不同的图像注册商标。

还有一次，我看到一位设计师说，她已经为五十多家企业起过名字了。她接着提到，有几千家英国公司都用"苹果"（Apple）这个词，只要把这个名字加上一点前后缀，就可以变成"自己的"苹果，比如"苹果财务公司"。她的意思是这样起名字是没有问题的。不管她这么说的原因是什么，这种说法都是一种误导：像苹果这样的著名商标比普通商标享有更广泛的保护，因为它的知名度和品牌认可程度都更高。如果你选择一个著名的品牌名称——比如"苹果"，即使你的业务属于不同的行业，苹果公司也可以阻止你使用这个名字。像苹果这样的大公司整天忙于维护他们的商标权益，应对各种问题，其中就包括他人冒用商标。当然，他们有更大的事要处理，顾不上那些用了他们名字的小微企业。然而，一旦你做大了，引起了他们的注意，你很可能会收到不那么友好的警告，被迫改名。

目前，受过相关业务训练的营销人员和设计师们很少或者根本没有接受过知识产权方面的培训。这个问题很严重：在一个机构里，有一个受过训练的品牌推广经理或者一个撑门面的营销人员，并不意味着这家机构就具有品牌建设所需的知识，比如起名字这件事。在我看来，理想状况下，提供品牌建设服务的服务商——特别是如果他们还提供命名服务的话——应该接受知识产权方面的培训，或者在品牌创建过程中让商标律师参与。研究表明[1]，（英国）96%的企业都是微型企业，也就是员工人数少于10人的企业；大约4%的企业员工人数在10人到250人。这就是说，99.9%的企业——也就是大约600万家企业——是中小企业。这些公司中有员工了解知识产权的可能性很小。然而，在培训市场营销和专业设计人员的时候，大家都假设他们将来要打交道的企业都有律师为他们提供知识产权方面的指导——实际上这种企业占比极小。所以，专业人士只能通过在实际操作中积累经验来获取他们需要的知识产权方面的知识，而客户没有办法仅凭外表分辨他们的水平。此外，这些"专业人士"也不知道自己的知识结构是否存在严重缺陷。

---

[1]　根据英国政府的官方统计［下议院图书馆，"商业统计"（Business statistics），简报No.06152；英国商业、能源和工业战略部（BEIS），"2020年英国和地区商业人口预测：统计发布（Business population estimates for the UK and regions 2020: statistical release）"，英国96%的企业是微型企业，即，雇用员工数少于10人的小企业。加上雇用员工数在10人到250人的公司，这两类企业——它们被统称为中小企业——占英国企业总数的99.9%，约有600万家。剩下的0.1%的企业是大型企业，每家企业雇用员工超过250人。这些企业总共只有8000家，但提供了40%的就业机会和48%的营业额。我还看过其他报告，显示美国和欧洲的数字与英国的情况相当。

🐦 对小企业缺乏支持

在大企业中，通常有一个部门负责品牌管理。品牌经理可以帮助企业选择外面的服务商，并与企业内部的各个团队协调，实施企业的品牌战略以促进销售。他们需要在品牌推广方面有充分的知识，知道在什么时候让不同的部门、不同的专业人士参与进来。比如，如果公司决定改变品牌的某些元素，比如名称或者视觉形象，那么一个好的品牌经理应该对商标领域有足够的了解，以便尽早让法律部门介入。公司是否需要改变包装，进行产品设计、创意广告、市场营销活动，使用新技术升级网站，或者寻找法律、法规等知识产权方面的建议，比如明确一个符号标志是否可用——这些都是品牌经理的工作。他需要知道，去找什么样的专业人士才能满足公司的需求。

中小企业缺少这一核心部门。默认情况下，企业创始人和领导者需要自己承担这个职责。这样做的问题是，他们往往不了解必要的商业和法律知识，不知道自己应该做什么。当涉及创建品牌和进行视觉形象设计时，他们往往不清楚什么对他们是最基本、最重要的。

如果有专门的服务商为他们提供品牌管理的咨询服务，那么这些公司在创建品牌和选择专业人士进行视觉形象设计时，或者在遇到其他品牌建设方面的问题时，就知道从哪里获得指导了。

这就是"品牌力量优化框架"的定位。它为那些需要品牌管理和知识产权方面建议的公司提供指导。它是品牌推广和品牌保护之间的桥梁。我认为最终需要有一种新的专业人士来承担这个角色:一个你可以获得公正指导的角色。他们不应该通过商标注册服务获得收益,也不应该通过视觉形象设计或者市场营销活动获得收益。他们的作用就是纯粹的咨询服务:指导、辅助和普及教育。然后,他们可以把客户介绍给律师、设计师、广告商以及围绕品牌建立、品牌推广和品牌营销的其他专业人士——如果你愿意,可以称他们为品牌顾问。但是现在,我希望这本书能为你填补这片空白!

>>> **本章要点** <<<

- 你在创建一家公司或者一个品牌时(尤其是你投入了大量资金时),需要考虑知识产权方面的问题。

- 设计师和营销人员通常掌握的技能,并不包括知识产权法方面的内容。

- 大企业中的品牌经理知道何时让法律部门介入。

- 在英国,在占企业总数99.9%的中小企业中,基本没有员工了解品牌建设以及其中的法律问题。

- "品牌力量优化框架"为那些需要品牌建设和知识产权方面指导的公司提供服务。

第二部分
"T"——知识产权想在前

在"品牌力量优化框架"中，"T"指"知识产权想（think）在前"。在这一部分中，我们将探讨什么是知识产权，以及在品牌建设之初考虑知识产权的重要性。

第三章

知识产权和品牌建设

在第二章，我们谈到了在品牌建设中容易遭遇的三个基本问题，其中一个就是在早期忽略了知识产权问题。我们在本章将讨论在具体的业务运作中，需要考虑知识产权的地方。

品牌建设的方方面面都涉及相关知识产权的问题。当你把自己的知识、创意和技能（这些通常称为"你的知识产权"）转化为可见的商业模式时，你需要考虑一些问题并做出选择。这些问题和选择可能包括：

- 向谁透露你的创意？

- 你要用什么品牌名称？

- 你的创意是否需要保护？如果是，如何保护？

- 采用什么样的品牌宣传语？

- 如何设计或者包装，使其与众不同？

- 这个品牌会用到哪些音乐或者特殊的声音？

- 会使用哪些照片、插图等图像？

- 使用什么颜色、字体或者徽标？

- 是否使用象征符号或者字符图标？如果是，用哪种？

- 在网站或者广告中如何呈现你的创意？

- 在视频内容中要使用什么脚本？

- 你的品牌或者网站要给人什么样的观感？

- 如何用创新的方式使用你的知识和技能？

- 如何推出一个与众不同的业务模式？

- 如何在法律上保护你的业务？

所有这些以及其他更多的选择都涉及知识产权法律——因为它们几乎都涉及知识产权的创建。

在商业领域，抄袭很普遍。如果你有一个赚钱的好点子或者好创意，那么你的竞争对手迟早会抢占你的一部分市场份额。他们不这么做才奇怪呢。他们会找到在市场中赚了大钱的企业，照搬照抄品牌元素。你要知道这些事情，知道哪些是可以接受的、合法的竞争手段，哪些是不合法的、不道德的手段。你要保护你最宝贵的财产，保护你的品牌的独特性，不要让他人的抄袭毁了它。

知识产权领域的关键术语和概念

知识产权是一个包罗万象的概念。让我们先来看看它的基本组成部分都有哪些。

专利权（patent）用来保护发明创造。这意味着在专利期限内（最长20年），没有人可以抄袭你制造产品的方式，没有人可以采用和你一模一样的生产方式。

设计权（design rights）保护的是你产品的外观。设计权可以保护视觉设计中的新颖元素。它涵盖很多东西，比如手提袋或者包装的外形，等等。你甚至可以为一个徽标注册设计权。

并不是每种业务的核心都涉及专利权和设计权。你可以在没有专利产品或者不需要进行设计权保护的情况下，仍然高高兴兴地做生意。然而，人们往往认为知识产权就是专利权。

其实，商标（trademark）、版权（copyright）和商业机密信息（confidential information）等，才是与所有业务都息息相关的核心知识产权。

商业机密信息的有关内容，我们会在本章后面讲到。

商标确定了商品和服务的来源。法律通过商标来保护众多品牌元素，比如品牌名称和宣传口号（而不是通过版权法保护）。商标可以用于保护独特的品牌元素，比如形状、颜色、音乐旋律甚至气味。商标是与品牌相关的，最重要的一种知识产权。

版权是适用性最广的一种权利，我们应该从这个角度去看待它。在谈到品牌建设时，它保护的是思想创造出来的东西，比如书面材料、音乐、艺术、徽标和计算机程序等。请谨记，版权的关键在于它保护的是对想法的表达，而不是想法本身。

网站、手机应用程序以及其他软件则包含了一系列元素，它们由不同的知识产权保护——通常是由版权保护。我们看一个简单的例子：一个网站是由一组软件、图像、声音、数据、视频和文本内容组成的，这些元素打包组合后被放了一个域名下。这个网站中的很多元素的所有权不一样，它们的底层代码中都分别有相应的版权；把这些东西整合在一起，网站才能正常运行。

得益于《伯尔尼公约》（*Berne Convention*）[1]等国际条约，这三项核心知识产权在全世界都普遍适用。这些法律适用于全球，也就是说，在全世界，知识产权的术语都差不多（不过在美国和欧洲关于专利权和设计权的说法略有区别）。同时，无论你在哪个国家，你在保护知识产权方面采取的行动也都差不多。当然，法律条文的细节会有所不同，但不同司法管辖区对知识产权的总体处理方式基本一样。所以，无论你在哪个国家，你在本书中学到的知识产权方面的知识都会使你获益。接下来，你可以在自己的国家寻求进一步的信息和建议，以确保你为自己的企业所采取的行动是正确的。

---

[1] 《保护文学和艺术作品伯尔尼公约》（*Berne Convention for the Protection of Literary and Artistic Works*），简称《伯尔尼公约》，是关于知识产权保护的国际条约，1886 年 9 月 9 日制定于瑞士伯尔尼。1992 年 10 月 15 日中国成为该公约成员国。——译者注

✈ 知识产权是无形的财产

"财产"指的是我们"合法拥有"的东西。无论它是有形的东西，比如土地、房子、汽车或家具；还是无形的东西，比如某项发明、品牌或者网站，都可以是财产。对某物享有法定所有权，意味着可以依法对该物执行权利。这就是说，财产所有者可以依法惩处那些滥用该财产的人，比如未经允许的抄袭。

财产所有人对财产享有独占使用权：也就是说，财产所有人有权允许其他人使用该财产。到目前为止，这都是显而易见的、很容易理解的内容。

然而，我认为人们忽视知识产权的一个原因是知识产权存在一个无形的概念。你买了一本书，这本书属于你；但除非这本书也是你写的，否则你肯定不会拥有这本书的版权。你只有阅读这本书的权利。

把这个概念推广到商业世界：你的公司可能拥有一个徽标或者一个网站。除非是你自己创建了这个徽标以及这个网站，或者从创建者那里得到了书面认可，赋予你这两样东西的版权，否则，你只拥有使用它们的权利，但是并没有这两样东西的版权。

当你拥有某件东西的财产权时，就意味着你有权允许别人使用它。所以，在具体实践中，你一定要确保你拥有为自身业务创造资产的知识产权，比如徽标、网站和各种文本内容。想体会拥有知识产权的好处，不妨类比一下有形的财产，比如房子，就很好理解了。房子的主人可以允许其他人使用房子并收取一定的费用。你可以出租整栋房子或者其中的一间。和前面一样，到目前为止，这些道理都简单明了。同样的情况也适用于知识产权：你可以授予他人使用许可并收取费用。

案例分析：清泉管理有限公司及林克斯商业有限公司

下面这个案例说明了，在英国的法律下，在雇用承包商为你工作之前，保护知识产权的重要性。

在2005年的这个案例中，清泉管理有限公司（Clearsprings Management Limited，以下简称清泉公司）有了一个软件方面的设计思路，可以解决他们行业中的一个特定问题。清泉公司聘请了一个开发者，林克斯商业有限公司（Businesslinx Limited）来为他们开发软件。清泉公司计划软件开发完成后，就把它卖给其他人。然而，尽管有书面协议，但清泉公司未能充分注意协议的措辞。软件是为清泉公司开发的，而且它也付了钱，但知识产权仍然属于开发者林克斯商业有限公司。清泉公司犯了一个典型的错误，即在与开发者签订的法律协议中，未能明确将版权拿到自己手中。后来，清泉公司发现了这个错误，但为时已晚，想卖软件已不可能，它只获得了在自己的业务中使用这个软件的许可。而开发者林克斯商业有限公司拥有这款软件的版权，可以进行市场营销并销售这款软件。

从这个案例中我们学到的是，在你邀请任何人参与你的项目，包括推广你的品牌之前，必须弄清楚知识产权如何能转移给你，弄清楚知识产权是否会影响你的计划。这个案例讲的是软件，但它同样适用于任何其他资产。就像你在购买土地时要做的那样，请咨询律师，保护好自己。

有形东西（比如房屋）的产权与无形东西（比如音乐、文章内容、软件或者企业名称）的产权之间的区别在于，有形的财产受到物理空间的限制。你一次只能把财产给一个人使用。而对于你的知识产权，你可以把它授权给许多人使用，来获得版税收入。你仍然是它的所有者，但你可以让无数人使用它——因为知识产权不具有实物形态，没有物理上的限制。

J.K. 罗琳（J.K. Rowling）因为写了《哈利·波特》（*Harry Potter*）而蜚声世界。她是一位成功的作家，拥有世界上最具价值的品牌之一。在不到25年的时间里，她变成了一个非常富有的女人。她的巨额财富源于她书籍的版权，而书籍的成功为她提供了机会，可以发掘她的其他知识产权。例如，她授予电影制片人、商业推广公司等对她知识产权的使用权。实际上，她的财富的主要来源是使用许可，而不是仅仅销售图书。每当一家公司生产带有哈利·波特形象的产品时，J.K. 罗琳就会得到相应的报酬。

如果你决定授权他人或者特许他人经营你的业务，你需要向他们授予使用许可。这包括允许他们使用你的知识产权，比如你的品牌名称、徽标或者专有技术。因此，要想用你的知识产权赚钱，你就要确保对你的无形资产拥有知识产权。然后，你就可以在各种不同的情况下授予他人使用权了，比如为你的业务颁发许可证或者特许经营权。如果你正在出售你的企业，那么买家会想知道你拥有什么资产。资产不同，你的企业售价也会不同。

🌀 法律权利是如何起到威慑作用的

如果你拥有强大的、可执行的合法权利，那么竞争对手（特别是那些知道自己在做什么的人）就会避免故意侵犯你的权利。如果知道自己胜算渺茫，他们就不会让自己陷入诉讼和巨额索赔的风险当中。反过来说，如果你的法律基础薄弱，竞争对手知道对你来说行使权利也是要冒风险的，那他们就会抄袭你的东西，无视你有限的权利。你可能会损失惨重。

人们很容易相信，决定官司输赢的是金钱和资源，而不是法律。尽管打官司确实需要大量的时间和资源，但并不是说谁的企业大谁就一定能赢。比如，在最近的一个英国案例中，宾利制衣（Bentley Clothing）和著名的汽车品牌宾利（Bentley）对簿公堂。最终，宾利制衣采取法律程序，阻止了宾利汽车在服装领域使用这个名字。结果，宾利汽车被迫销毁了它的全部库存。这只是一个例子，说明无论你面对的是谁，只要你拥有过硬的知识产权，你都会占上风。有无数的案例都说明了这一点：拥有强大知识产权的人可以捍卫自己的立场并赢得胜利。

另外，如果一家企业比你的更大、更有钱，他们就会知道你没有大量资金来打官司。而且，如果你的知识产权基础薄弱，那么你更不可能打这种官司了。毕竟，你这么做很可能竹篮打水一场空。这样一来，他们就会拿走属于你的东西。而且你往往会是那个被迫重新命名自己品牌的人，因为这比去打官司要省钱。

我讲这些的意思是什么？我的意思是，不要让你因为通过法律手段保护自己知识产权的能力不足，而影响你保护这些权利。事实上，正因为你的资源有限、品牌不大，你才更应该从法律的角度出发，从一开始就找到那些不至于引起纠纷的品牌名称和标识，并且保护它们。通常来讲，只要你在知识产权方面完全站得住脚，就足以避免各种纠纷。

如果没有过硬的知识产权，你反而更有可能在业务领域遭遇诉讼。诉讼费用极其昂贵。因此，降低诉讼风险对小企业而言远比对那些拥有知名大品牌的企业来说重要。这就意味着要谨慎选择你的品牌名称等无形资产，并尽早注册知识产权。

如果你做出的选择不对，那么再多的保护手段也帮不了你。

⟳ 向谁透露你的创意：保密和分享

我们现在已经知道，创意本身不受版权的保护——只有对创意的表达才受保护。这就是说，可以给企业带来竞争优势的重要知识产权，比如专有技术、商业秘密和创意，只有在秘而不宣的情况下，才受到知识产权法的保护。如果这些商业机密信息被盗用或者遭泄露，那么你的补救措施是对非法使用这些信息的人提起诉讼。不过，这会耗费你大量的精力。在实际工作中，明智的做法不是打官司，而是管理好你的机密信息，降低它落入坏人手中的风险。因为等到打官司的时候，你已经受到了伤害。

把这些商业机密信息想象成埋藏宝藏的位置。位置信息显然是有价值的信息；你肯定知道，如果你想确保这些宝藏不被人发现，你就不能随意泄露这些信息。同样，所有企业都有他们的专有技术和商业秘密，必须要引起注意，不能轻易公开。如果你必须在某个项目或者生意中披露这些信息，那么必须有保密协议，对访问这些信息的人加以约束。

如果你不谨慎的话，精明的竞争对手就会从你泄露的信息中获益。现在让我们看三个案例，它们都说明了保密的重要性。

案例分析：可口可乐公司（Coca-Cola）

如果你有一个创意，可以申请专利，你要注意不要与任何人讨论这个创意，除非他们是专业顾问——比如你的律师，或者签署过保密协议的人。这是因为如果你们不是在一个保密的环境下讨论你的创意，他人就可以认为这个创意已经进入了公共领域；而法律只为那些不为人知的创意授予专利。

可口可乐公司本来可以在一百多年前就为它的配方申请专利。但是，公司决定不这么做，而是对配方保密。据说，他们制定了严格的保密制度，保护他们的秘密配方。他们甚至围绕这个决定编造了一个故事。这个秘密配方已经成为他们品牌故事中的一部分了。据说，在公司内部，在任何时候都只有三个人可以接触到配方。这家公司精心设计了一种方法来保护他们的配方。

在你揭示你的想法和创意之前，要把它们埋在心底，不要过分依赖保密协议（Non-Disclosure Agreements，简称NDAs）。记住：你的目标应该是保护你的秘密信息，而不是在你的信息泄露到公共领域后找人打官司。知道什么可以说、什么不能说，体现了你在创意、信息和洞察力方面对商业价值的理解，这是知识产权的一个关键方面。

案例分析：苹果公司和史蒂夫·乔布斯

史蒂夫·乔布斯在公司内部非常注意保密，他要确保产品在发布之前始终处于保密状态。他对机密信息严格控制，苹果公司内部的保密措施和军事组织一样严密。

如果员工不遵守乔布斯版本的"军规"，那么员工和他的经理会立刻受到惩罚。在2014年的一本书《超越战略：下一代公司的影响》（*Beyond Strategy: The Impact of Next Generation Companies*）中，作者迈克尔·莫斯加德·安德森（Michael Moesgaard Andersen）以及弗莱明·普尔费尔特（Flemming Poulfelt）描述了苹果公司内部的工作流程。据说，苹果公司内部泾渭分明，各部门分工明确。每个人都有通行证，确保员工只能进入指定授权的区域。只有少数苹果公司的员工能够进入保密级别最高的区域，也就是苹果公司的设计师们工作的产业设计实验室。公司尽可能让员工们蒙在鼓里，不会获得额外的信息。史蒂夫·乔布斯通常是公司里唯一能看到全局的人。其他人只能获得他们需要的局部信息。

得益于公司的这种内部政策，当苹果手机突然在市场上亮相时，整个行业都措手不及。

案例分析：零负担美食公司和菲多利食品公司

在《品牌的失败：历史上100个最大的品牌建设失误》（*The Truth About the 100 Biggest Branding Mistakes of All Time*）一书中，作者马特·海格（Matt Haig）提到了一家叫零负担美食公司（Guiltless Gourmet）的企业。这家小企业在20世纪90年代取得了成功。他们出品的低脂烘焙玉米片被美国公共利益科学中心（US Center for Science in the Public Interest）认定为健康食品。这家企业在5年的时间里，从一个家庭作坊发展成一个年收入2300万美元的大型工厂企业。

菲多利食品公司（Frito-Lay）是美国零食制造业中最大的一家企业。这家企业一度有意收购零负担美食公司，但出于某种原因，最终没有收购。据说，由于这次（最终未达成的）收购谈判，菲多利食品公司可能获得了零负担美食公司的商业机密信息。不仅如此，还有传言，零负担美食公司的创始人还以顾问的身份与菲多利食品公司开展了合作!

零负担美食公司最重要的资产就是它的食品配方。如果能接触到这些信息，竞争对手就能迅速理解并利用它们。因此，对零负担美食公司来讲，与竞争对手进行收购谈判是非常危险的。

零负担美食公司的创始人意识到他的成功会带来竞争吗？他意识到他的企业在一个产业圈内迅速崛起，不可避免地会吸引更大的竞争对手的注意吗？还有，他意识到菲多利食品公司完善的分销网络会对他构成严重的威胁吗？这就是我要说的：重视知识产权意味着你意识到了信息的价值。仅仅因为这一个理由，就应该避免让菲多利食品公司接触到他的秘密配方。

结果就是，零负担美食公司可能帮助菲多利食品公司生产出了一种新产品：低脂烘焙多堤士玉米片（Tostitos）。由于菲多利食品公司庞大的分销网络，这种产品很快就进入美国各地的超市。不出所料，菲多利食品公司的产品开始蚕食零负担美食公司的市场份额。不到一年，零负担美食公司的收入就减少到900万美元，公司被迫关闭了自己的工厂，开始把生产外包出去，员工从125人减少到了10人。

据报道，菲多利食品公司称："零负担美食公司为我们提供了一个很好的标杆，促使我们生产的产品更加美味。"

当你没有充分意识到自己知识产权的价值时，你的品牌就可能失败。零负担美食公司似乎就是因为不了解知识产权，才把公司的机密信息泄露给了一个危险的竞争对手。

🔄 关于知识产权的认识误区

现在，希望你对什么是知识产权有了更清晰的理解，并在准备创建你自己的品牌时，优先考虑知识产权问题。然而，在此之前，让我们先来看看围绕品牌建设和知识产权的一些最常见的认识误区。

误区 1：把你作品的副本寄给自己，就能保护你的版权

我经常遇到的建议就是——甚至有些商业律师也会这样说——证明你是版权所有者的最简单的方法就是把拥有版权的证据装在一封信里寄给自己，确保在信封上有明显的邮戳，证明寄信的时间。这被称为穷人的版权证明。不幸的是，这个建议大错特错！法院其实并不接受这样的文件作为版权的充分证明；最简单的理由就是，信封在寄出后，可能会被篡改。在英国，证明一部版权作品创作日期的最好方法是法定声明（statutory declaration）。你要带上你作品的副本，在律师或法律专员面前公证宣誓。在需要版权注册的国家里，你需要注册你的版权。

误区 2：因为你付了钱，所以你拥有某件东西的版权

这是错误的。制作某件东西的委托条款决定了你是否拥有版权。如果没有转让所有权的书面合同，版权将自动归制作者所有，而不是你，除非制作者是拿你工资的雇员。为这件东西的制

作出钱的人，只拥有它的使用许可（这种许可权比版权的权利范围要小得多）。在世界上大多数国家中，版权属于作品的制作者，除非签署了有明确规定的书面协议。正因为这个缘故，在与委托方签订书面合同、详细说明在此过程中创造出来的版权归属之前，不应该委托他人开发你的品牌。

误区3：只有注册了版权，你才能保护它

《伯尔尼公约》以及其他国际条约确保了版权在国际范围内得到保护。如果在你的祖国，版权不需要注册，那么在所有签署了这些国际条约的国家内，你都自动获得了对你的版权的保护——即使在其他国家有规定必须先注册版权才能得到保护，也是如此。值得注意的一个例外是在美国，你必须先注册才能提出侵权索赔的要求。所以，为了安全起见，有些人选择在美国注册自己的版权。

《圣诞颂歌》的盗版问题

为什么要用国际条约来保护版权？这是因为要避免国际盗版对创作者造成的经济损失。下面是一个例子：查尔斯·狄更斯（Charles Dickens）的著名小说《圣诞颂歌》（*A Christmas Carol*）在1843年第一次出版时卖了6000册。然而，狄更斯从这本书中只赚到了很少的钱。这是因为在

维多利亚时代，版权法保护的范围只在作品最初生产和创作的国家内。在《圣诞颂歌》出版后，这本书开始在美国出现。出版社以非常低的价格印刷这本书——而这些盗版书没有给狄更斯带来任何经济收益。版权是一项重要的权利，它支撑着许多行业的经济利益——现在，随着各种国际条约的出现，这些经济利益可以在全世界的大部分地区得到保护。

误区 4：商标注册是个可选项，可有可无

商标就像某种虚拟的容器，里面装着企业的品牌价值。一般来讲，只有在你真正注册了商标而且是文字商标以后，它才能起到容器的作用。虽然在一些采用习惯法的国家中，可以拥有未注册的商标权，但这种权利非常薄弱，而且执行和证明的费用昂贵。保险的做法是通过注册商标来保护你的资产权利，比如你的品牌名称。注册可以降低你执行权利的成本，避免他人使用相同的名称，从而避免你不得不重新建立品牌。关于商标的更多内容，我将在本书的第四部分，也就是品牌命名的环节中介绍。同时，你应该注意，一旦你注册了一个商标，你可以使用符号"®"来提醒其他人，这是一个注册商标。使用"TM"[1]这种非

---

[1] TM 为英文 TradeMark 的缩写，既包含注册商标 R，也包含未注册（可能正在注册）的商标。——译者注

注册商标符号是完全没有意义的，因为人们经常用这种方式使用他们无法注册的名字。

误区 5：版权保护的是你表达出来的思想

思想、体系或者方法都不是版权保护的对象。版权保护的是对思想、体系或方法的表达，换句话说，就是作品。版权保护的是思想表达的方式，而不是思想本身。这通常被称为"思想与表达二分法"（the idea/expression dichotomy）。我们可以把一部受到版权法保护的作品和食谱做个类比：这个食谱的文字受版权法的保护，但食谱中包含的想法不受保护。如果有人在他们的书中引用了你的食谱，或者复制以及发布了你的食谱，那么他们很可能侵犯了你的版权。但如果他们根据你的食谱中的思想烹饪食物，他们就没有侵权。所以，如果这是一个制作苹果派的食谱，那么任何人都可以按照这个食谱制作苹果派并进行商业销售，也可以改变食谱，制作自己的苹果派，然后出售或者送人。

这也就意味着，如果你给别人出了一个主意，比如如何拍一张不同寻常的鸟的照片，或者告诉某人一个创意，可以写出一篇故事，那么拍照的人或者写故事的人拥有那张照片或者那个故事的版权。作为最先提出这些想法的人，你对那些作品没有版权，除非你和另一方签订了法律协议，或者创作者受雇于你。版权法只保护表达，不保护思想。

误区 6：你可以把一个创意、方法或步骤写下来，证明这是你的想法，以此来确保你的权利

如果你的想法是可以申请专利的，那么你就需要申请专利来保护它不被抄袭——版权不足以保护这种需要用专利保护的发明或想法。法律并没有赋予第一个产生某种创意的人权利，所以把你的创意写下来，连同图纸一起交给专业人士并不意味着你就拥有了这个想法的知识产权。保存文字材料充其量只能用来提供证据，证明这份材料是在保存日期之前创作的。在确定版权作品的创作日期时，它可能是有用的证据；但对于需要专利保护发明、步骤或想法的情况，它起不到任何作用。除了注册专利，还有另一种方法就是对信息保密。

误区 7：品牌名称受版权法保护，注册一家公司或者注册一个 .com 域名就足以保证你能使用一个品牌名称了

在现实政策中，法律是通过商标而不是版权来保护品牌名称的。不管你在起名字的时候耗费了多少时间和精力，也不管这个名字起得多精妙，它通常都不在版权保护的范围内。注册商标才赋予你对一个品牌名称的专有权。

这就是说，只有当你确保获得了品牌名称的使用权之后，你才可以继续进行视觉形象方面的工作。

参见第二章，你会看到为什么仅仅申请到了.com域名是不能开始使用一个品牌名称的。

误区 8：如果你的计划是出售你的生意而不是发展你的生意，你就不需要选择一个独特的品牌名称

品牌名称以及它在业务中的作用是让你的产品和服务在行业中脱颖而出，并且保护业务不受竞争对手行动的影响。因为如果你的业务取得了成功，大概率会引发竞争对手的行动。选择一个只属于你的独特名字，并确保你对它的所有权，这是最基本的步骤。只有这样，才能保护你开展业务时创造的价值。你应该把它看作经营成本的一部分。因为在一个相互关联的全球营商环境中，你的企业可能，而且也必然会受到威胁，法律体系可以通过你的品牌名称保护你的权益。使用不恰当的名称，或者没有保护好你的独特品牌标识（也就是你的品牌名称），都是对品牌建设和知识产权最根本层面的忽视。品牌名称的意义并不仅仅在于你是否想永远使用同一个名称，它还是承载你的商业价值的容器和保护伞。当一家企业被收购时，这个名称可能不再被使用，但你的域名会重新定向到购买了你的企业的那家企业的网站上。有时他们可能会加上一个注释，说"现在和某某企业合并了"。

在下一章中，我们将介绍在设计品牌的视觉形象之前，要如

何考虑知识产权战略。下一章的内容包括将资源优先用于那些可以立即获得所有权的资产，这一行为甚至在这些资产与你的品牌建立独一无二的关联之前就应该开始。你要从一开始就保护它们。

>>> **本章要点** <<<

- 知识产权主要包括专利权、设计权、商标、版权和保密信息。

- 请注册商标以保护你的品牌元素（包括品牌名称）。商标将你的产品和服务与你的业务关联了起来。

- 版权保护的是思想的表达；除非创作者是你的雇员，或者你有一份转让所有权的书面合同，否则版权会自动属于创作者而不属于你。

- 采用法定声明（在英国）或者通过注册来保护版权。

- 智力资产，比如专有技术、商业秘密和创意，只有在它们是机密信息的情况下，才受到知识产权法的保护。如果机密信息被盗用或者泄露，补救措施是对滥用该信息的人提起法律诉讼。

第四章

知识产权想在前

在第二章中，我们简要介绍了在品牌建设过程中忽略知识产权可能导致的问题；在第三章中，我们熟悉了知识产权的概念。在本章中，我们将更详细地讨论"品牌力量优化框架"中的第一步：知识产权想在前。

我们的目标是建立一个独具特色的品牌，让你在产业圈中脱颖而出。这个品牌一定要看上去就非你莫属，不会和竞争对手搞混。那么，要做到这一点，你需要做些什么？

选择受到知识产权保护的品牌资产作为入门壁垒

创造自己的品牌资产，吸引人们注意，帮助他们记住你与竞争对手的不同之处，这样做你才能获得客户。你最先创造的品牌资产应该是受到知识产权保护的资产，而且一旦创造出来就应该立刻着手保护，打消别人抄袭的念头，保持你业务的独特性和商业上的可持续发展。知识产权不是拦路虎。相反，它是你开展业务的一个有用的工具，可以帮助你决定创建什么样的品牌资产。知识产权不仅意味着你要四处搜索，确认你想使用的某个无形的品牌元素是否可用，它还意味着更多。

除了查看某个品牌元素是否可用，你还可以把知识产权看作一道"入门壁垒"，或者像沃伦·巴菲特说的那样，要保护好你业务的"护城河"①。在你的优势中，一方面可能是你的业务可以提供别人难以模仿或者复制的产品，它为你提供了对抗竞争的有效壁垒；但另一方面，你还应该创建一个与众不同的品牌，让人们一眼就能认出你来。

然而，说起来容易，做起来难：商业上的许多抄袭行为是无法起诉的，而且你在业务中使用的许多独特的资产，除非经过长期使用，否则你不可能完全拥有它们。甚至在你拥有之后，你也有可能无法保护它们。因此，合理的做法就是在创建品牌时，优先创建和保护那些你可以获得所有权的品牌资产，而把那些你不太可能获得所有权的品牌资产放在第二位。

埃伦伯格–巴斯营销科学研究所的教授珍妮·罗曼纽克在《打造独特的品牌资产》一书中提到，品牌建设"就是让人们记住品

---

① 沃伦·巴菲特首先提出了"经济护城河"的概念，指的是企业面对竞争对手时能够保持优势、保护自己的长期利润和市场份额不受对手影响的能力。——译者注

牌的名字——仅此而已，不多也不少。"她的研究方向是：一旦某个品牌变得非常出名，那么各种类型的品牌资产可以在多大程度上替代品牌名称。

那些可以让你联想到品牌名称的非名称品牌元素可能包括：

（1）品牌徽标；

（2）面孔图案——比如动物的象征图案；

（3）形状图案——比如像金拱门的麦当劳的大写M；

（4）包装的形状——比如可口可乐的瓶子；

（5）一种特殊的字体——比如士力架巧克力棒的字体；

（6）一个口号标语——比如耐克的口号标语"Just Do It（想做就做）"；

（7）一段音乐——一段和品牌关联的耳熟能详的音乐，比如微软公司Windows系统的开机音乐；

（8）一种颜色或者一组颜色——比如蒂芙尼蓝（Tiffany blue）；

（9）名人代言；

（10）产品或者包装的外观设计；

（11）一种受到知识产权保护的外观或者给用户的感觉——比如苹果商店（Apple Store）的网站或者内部布局；

（12）照片、插图以及影像；

（13）网站上创建的内容，或者在广告中使用，以及为拍广告或视频脚本使用的品牌宣传语——例如玛莎百货（Marks and Spencer，简称M&S）的广告上写着："这不仅仅是食品……这是玛莎百货的食品。"

知识产权法律以不同的方式保护这些品牌资产，就是说，你需要根据你创建的品牌元素，选择适当的方式保护它们。因为保护不同品牌资产的步骤不同，所以你在决定是否使用某种品牌资产时，要考虑的事情也不同。保护的目的是保证这个品牌资产只属于你的品牌，并在竞争对手抄袭你的时候，能够采取有效的行动。对某些资产的保护，比如请名人代言，关键在你与名人签订的法律协议条款；而对于其他资产，比如音乐，除了法律协议外，进行知识产权注册同样重要。具体到音乐这种知识产权的保护，需要包括签订授权使用的协议书或者为你创作音乐的委托书；还有可能涉及版权或商标权，这两种可能兼而有之。

要想让人们自动将你品牌中的独特元素与你的品牌名称联系起来，需要时间，而且需要你反复不断地使用。法律上的保护是关键，它能给你时间和空间，让你的品牌深入买家的内心，把竞争对手拒之门外。在品牌建设的开始阶段，不要太执着于那些你不太可能拥有的品牌资产，你要重视的是那些你可以拥有的基本品牌资产。当你创建了这些初始的品牌资产之后，你可以再选择其他与你的品牌相关的资产。在推广你的品牌或者进行创意设计之前，要考虑法律方面的因素。

只要你的品牌名称以及关键品牌资产是你精心挑选的、受到完善保护的、可执行的资产，那么你在商业上的成功创新就有了专利权的保护。

顺便提一句，如果你还没有足够的资金打造一个品牌，或者只是想先试试水，我建议你使用一个临时的名字（即使你有一个真正想用的名字，也先用另一个临时名字），而且在测试你的商业想法时使用低成本的视觉设计。这意味着你可以先干起来，用很少的钱，看看市场对你的商业想法有什么反馈。在对市场有了更深入的了解后，你再选择一个合适的品牌名称和视觉形象元素。我们在第九章会提到，很多知名品牌一开始用的都是另外的名字。

独特性和知名度

罗曼纽克在她的书中指出了两个让品牌资产出名的因素：独特性和知名度。比如，当你看到耐克的那个对钩形的徽标时，你就知道它代表耐克，即使它就是一个对钩，上面没有任何品牌名称，你也认得出来。自20世纪70年代中期以来，耐克就一直使用这个对钩符号作为自己的徽标，但在一开始是和品牌名称一起使用的，直到这个品牌变得家喻户晓后，才去掉了品牌名称，只保留了对钩符号。耐克的对钩徽标在它的行业中独一无二（就是说，没有竞争对手使用类似的图案）；而且这个徽标很有名，因为大多数人一眼就会认出它来，并与耐克的品牌联系在一起。如果一个品牌元素没有这么有名，那么它更有可能被误认为是竞争对手的品牌。

当仅仅使用一个视觉符号就能让人联想到你的品牌时，你就有了一个专属的捷径，可以触发买家的记忆。这么做可以保护你的业务。市场对耐克产品的信任，使得仅仅靠一个对钩徽标就让买家记住了这个品牌。这个徽标会促使消费者购买这个品牌的产品。

当你完成设计以后，这种独特的品牌资产，比如耐克的对钩，就有可能成为一个商标。这意味着耐克可以立即将它注册为商标，用来推广耐克品牌下的商品，并且可以很容易地阻止竞争对手使用对钩的标志或者任何类似的设计。

毫无疑问，如果你可以为一个独特的品牌资产注册商标，你就应该立即这么做。因为这么做就能保护这个品牌资产的独特性，而且可以确保在长时间内，你的品牌与这个品牌元素联系在一起。获得法律认可的专利权可以确保你将自己的品牌资产和品牌名称之间建立联系，成为你独特身份的一部分。你的广告预算可能很小，但你仍然可以信心十足地在市场上推广这个品牌资产。因为如果你有能力保护它，你就有强大的力量防止别人侵权。另外，如果你不能通过法律保护某个品牌资产，那你就很难在你的品牌和这个资产之间建立专属的联系。你只能寄希望于竞争对手不会采用类似的品牌资产，不会让买家混淆究竟谁在使用这个品牌资产。

由此可见，在创建品牌资产前，你应该研究一下行业中的竞争对手，看看如何胜他们一筹。有时候，你不必随大溜。比如，如果大家都在使用某种类型的无衬线字体，因为这种字体很时尚，干净整洁，但是如果你就因此盲目跟风也使用这种字体，可能会是个坏主意。不过，有些行业规范你还是要遵守的。举个简单的例子：比方说，你在推广一个牛奶品牌时想与众不同，于是决定把你的牛奶装在黑色的瓶子里；但买家可能不会注意到你的品牌，因为他们根本没想过牛奶会装在黑色的瓶子里。因此，在推广一个牛奶品牌的时候，不管你多想与众不同，你都应该使用白色或者奶油色作为瓶子的底色，并且用行业中的标准颜色来表示你的产品是脱脂牛奶还是半脱脂牛奶。除此之外，你可以自由地使用特殊的名字和视觉形象设计，比如独特的符号、特别的字体、醒目的颜色、巧妙的宣传语等来打造你的品牌。你首先应该盘点一下你的竞争对手都在做什么，然后选择三到四个品牌元素来创建一个视觉形象，使你的品牌区别于他们的品牌，具有独特的外观和特色。你创建的内容要在知识产权允许的范围内，而且你需要立刻保护这些品牌资产——这么做才能创造出一个经得起时间考验的独特品牌。

为了防止被抄袭，可口可乐公司被迫制造了他们标志性的饮料瓶子。他们的竞争对手一直在模仿可口可乐公司的名字，他们使用诸如卡口呵乐（Koka-Nola）、嘛可口可（Ma Coca-Co）、口卡可乐（Toka-Cola）甚至是呵乐（Koke）等品牌名称。他们抄袭或只是稍微修改了商标中的字体，而且他们的饮料瓶子也让消费者感到困惑，很多消费者并不仔细分辨商标上的字。虽然可口可乐公司对这些抄袭者提起了诉讼，但这些案件需要花费数年时间才会有结果。而可口可乐公司采取的对策就是开发形状独特的饮料瓶，这样那些不仔细分辨商标的顾客也能从瓶子的形状中分辨出品牌。这种策略让模仿者们不那么容易成功了。

案例分析：可口可乐公司

可口可乐公司对其标志性的瓶子形状拥有商标所有权。这是因为，第一，公司在委托设计瓶子时，签署了正确的法律协议；第二，公司从战略的角度出发，在刚开始使用新瓶子时，就利用知识产权法保护它，防止别人抄袭。

在一开始就对这种瓶身设计加以保护，意味着如果竞争对手胆敢抄袭，就会受到法律的制裁。接下来，可口可乐公司通过巧妙的广告，不断强调瓶子的形状，逐渐在消费者心中将瓶子的形状和它的品牌联系起来。获得某种形状的商标权并不容易。你需要提供必要的证据，证明这个形状与你的品牌有独特的关联。大约14年后，这个瓶子的形状成了可口可乐品牌的代名词。直到这时，可口可乐公司才确认这个形状是它品牌的象征，才有信心去将它注册为商标。

可口可乐公司充分利用法律提供的保护，并且知道如何把资源集中起来，因此获得了强大的知识产权方面的保护。虽然形状的设计权只能持续一段时间，但只要你使用商标，并不断更新商标的注册，商标就会一直持续下去。只要可口可乐公司一直使用这种瓶子，并能够在竞争对手提出异议、申请取消它的商标注册的时候出示证据，那么它就能永远拥有使用这种独特形状的垄断权利。

从可口可乐的案例中可以看出，根据自己的预算和资源情况，你可以做出明智的选择，决定为自己的品牌创建哪些品牌资产。对于一些品牌资产，比如可口可乐公司的瓶子形状，你需要一直使用它们，并在一段很长的时间内投入大量的营销和广告资源，然后才有机会将它注册为商标。理想的做法是在创建品牌资产的过渡期内，寻找一些法律上的保护，以此证明你的投资是合理的。

⮁ 颜色标志

很多人认为品牌颜色是决定视觉形象时的一个重要考虑因素。但对许多企业而言,颜色应该是次要考虑的因素。因为对颜色的保护需要耗费大量的营销和广告资源,以及多年的时间。因此,尽管你应该自始至终在你的品牌视觉形象中使用同一种颜色,但你确实需要接受这样一个事实:你在很大程度上无力阻止竞争对手使用相似的颜色。在英国这样的国家里,理论上讲,你可以对使用相似颜色的竞争对手发起假冒行为的侵权诉讼,但在实践中,这类诉讼对大多数企业的作用很有限。

获得了颜色商标的著名品牌有蒂芙尼的蓝色、3M的黄色、可口可乐的红色、UPS快递的棕色以及芭比娃娃(Barbie)的粉色。然而,注册颜色商标的门槛很高。要想成功地获得颜色商标,这个品牌首先需要与一种颜色建立联系。换句话说,你需要证明这个颜色对于你品牌下的商品或服务具有独特的引申意义。你需要用大量的包含这种颜色标志的广告以及消费者调查来说明它的引申意义。你需要证明,大量的相关消费者将这种颜色或这种颜色组合与你的品牌联系了起来。

然而,建立颜色标志的困难在于,在你建立这种品牌资产、获得人们认可的过程中,没有过渡时期的法律可以为你提供保护。这就意味着,如果你的目标是获得对这种颜色的商标保护,你就需要以适当的方式长期使用这种颜色。此外，你还需要投入大量的市场营销和广告资源来推广这个颜色。如果竞争对手使用了同样的品牌元素——比如，相同的颜色——就可能引起人们的混淆，分不清这个颜色属于哪个品牌。换句话说，消费者无法分辨这个颜色是你的，还是你的竞争对手的。

这就是说，在实践中，颜色的使用和颜色的所有权之间始终在相互影响。一方面，如果品牌之间出现了混乱，而你对这个品牌元素拥有合法的权利，那么你应该行使权利，防止混乱继续下去。另一方面，如果你没有这个品牌元素的所有权，那么你可以决定停止使用它，以避免买家把你和竞争对手搞混——特别是如果你的竞争对手在这个品牌元素（比如某种颜色）上，获得了更多的市场认可时，更要如此。在以下这些情况下，你尤其需要考虑改变你正在使用的颜色：

- 这个颜色和竞争对手的颜色一样；
- 品牌混淆的现象日益明显；
- 在这个颜色上，你还没有得到法律上的保护；
- 你的竞争对手在市场营销方面的投入比你更阔绰。

这是因为，正如我们刚才所说，你需要投入大量的市场营销资源、制定专门的长期战略，才有机会获得受到法律保护的颜色资产。

不过，如果你的预算较为充足，这会成为你的优势。在你建立对这种颜色的市场认可时，你会处于危险时期；如果你预算充足，你就会打消竞争对手使用相同颜色的企图——即使在这个时期，没有法律来保护你的颜色也一样。你在广告上的大量投入就意味着，如果竞争对手开始使用这种颜色，人们可能会把他们误认为是你的品牌。他们可不想把市场营销的钱花在推广你的品牌上。

下面是一个例子。这家公司在创建颜色商标时没有做好，或者说没有成功。2017年，通用磨坊公司（General Mills）试图将它的麦片包装盒上的黄色注册为商标，但没有成功。尽管该公司自1945年以来一直使用这种颜色，但黄色在这个行业中已经被使用得太广泛了。从这个例子中我们可以看到，除了上面提到的证明引申意义的要求外，你选择的颜色或者颜色组合还要在目标市场中没有被广泛使用。鉴于黄色在食品行业中已经被广泛使用，通用磨坊公司的策略应该是在一定程度上改变颜色，以独树一帜的颜色出现在该行业中。

记住：一个强大的品牌资产需要知名度和独特性——这是很难通过颜色实现的！

你需要什么样的品牌名称？

在通用磨坊公司的例子中，他们试图获得一个在行业中广泛使用的颜色的所有权，这就像试图用一个通用名或者常用词作商标一样。人们在寻找他们品牌名称的意义时，经常会这样做。但这不是品牌建设的目的。即使你真的用一个行业术语注册了商标或者注册了一个颜色商标，你也会发现执行这个权利异常昂贵，而且在这个过程中，你会变得极不受欢迎——因为你的竞争对手需要使用这个通用元素，而你试图垄断它。最终，他们当中肯定会有人提出申请，取消你的商标注册。虽然到头来不一定会失败，但这注定会是一个漫长而昂贵的过程。

我们将在本书的第四部分讨论如何选择正确的品牌名称。

让客户能够想到你

回到罗曼纽克关于独特性和知名度的两个原则。商标是你创造出来的，专属于你的东西。通过保护它的独特性，可以将它与你的品牌联系起来，为众人所知。站在知识产权律师的立场上，我要提醒你注意的是，罗曼纽克分析的那些满足独特性和知名度双重标准的品牌资产，大部分也是你从一开始就可以保护的品牌资产，比如耐克的对钩徽标。换句话说，她的研究表明，想让你的独特品牌资产获得认可，法律保护是非常重要的。

让我们详细分析一下：你的品牌资产需要与众不同，这样当买家想要购买你的产品和服务时，他们就能立即发现并认出你的品牌。除了外观设计上的与众不同外，你还应该确保无论买家想在哪里购买你所在行业中的产品，都能看到你的品牌。

品牌建设的首要任务就是让人们知道你的存在。当人们知道你的存在后，需要让他们在心里把你的品牌与你销售的产品或者服务关联起来。

让我们以这本书为例。如果我的品牌叫"品牌力量优化框架"，那我首先需要让人们知道这个名字，让它进入人们的意识当中，然后我需要让他们知道"品牌力量优化框架"是干什么的：提供品牌建设和知识产权方面的咨询——关于品牌建设的辅导和普及教育，把建立品牌和保护品牌结合起来。一旦人们将品牌的名称和它的产品或服务联系起来，这个品牌就"在人们心里扎下了根"［也可以称为"品牌凸显"（brand salience）或"品牌认知"（brand awareness）］。

让品牌在人们心里扎下根是至关重要的第一步。这样人们在准备花钱购买这类产品和服务时，才有可能想到你。如果我对埃伦伯格–巴斯营销科学研究所的观点理解正确的话，这意味着当一个买家准备购买你这个产业中的产品或服务时，他们应该在大脑中想到你的品牌。当他们想到这类产品或服务时——你希望他们同时也能想到你的品牌。仅仅是在想到你的品牌后才能想到你卖的东西是不够的。比如，我希望人们在想到品牌建设以及如何定义和推广他们的品牌时，会想到"品牌力量优化框架"。这意味着，"知识产权和品牌建设""品牌管理"以及"品牌形象和知识产权指导"这些短语，都能让人们想到"品牌力量优化框架"。如果想到"品牌力量优化框架"然后再想到品牌建设和知识产权、品牌形象、品牌管理或有关指导，这样的情况是不够的。再譬如说，汉堡王（Burger King）会让你想到汉堡——但如果你想吃汉堡的时候，出现在你脑海中的名字却是麦当劳，这说明汉堡王这个品牌的关联性还不足以让消费者选择它。

那么，你该如何在目标客户中建立这种关联呢？首先要做的就是了解市场，了解买家在你的产业圈子中选择解决方案时是如何考虑的，这样你就可以在广告和促销活动中有针对性地建立他们和你的品牌之间的联系。我们可以用"品类进入点"（category entry points）这个概念来谈论买家为什么要从你所在的品类中购买产品或服务。在这些购买场景下，关键是要提高你的品牌被买家想到的可能性。你要了解买家何时何地会购买你这个品类中的产品，他们会和谁在一起或者会听谁的推荐，以及他们在购买其他产品时会不会顺便购买你在这个品类中的产品。知道了这些，你就会比品类中的其他品牌领先一步，更接近于创造出正确的品牌资产，让买家更容易注意到你的品牌。我会在本书的第十二章中详细讨论如何让你的品牌在人们心里扎下根。

一个知名品牌——在上面的例子中，就是变成知名品牌以后的"品牌力量优化框架"——连同这个品牌的关联属性和引发的联想，会成为某个人记忆中的一部分。为了触发回忆，我们需要一个切入点或是一条线索。你想到自己的祖母，可能是因为闻到了她用过的香水的味道；而想到一个品牌，可能是因为一个"品类进入点"。独特的品牌资产会处于联系这个品牌的关联属性网络当中。罗曼纽克认为，这些品牌资产最好不要有丰富的、多层次的或者复杂的含义，因为这样一来，品牌触发的非独有性的内涵反而会转移买家的注意力。理想的情况下，你要让你的品牌资产具有简单的含义，刚好能提醒买家想到你的品牌。你的品牌附着的品类进入点越多，买家检索到你的品牌的路径就越多。

根据拜伦·夏普和罗曼纽克的说法，上面这些都说明，要让你的品牌引起买家的注意，你最好的做法是将营销重点放在拓宽品牌的品类进入点上，而不是让它只附着在单一的品类进入点上。这是一个非常另类的做法，和现在通常的品牌建设思路不同。在品牌建设行业，这还是一个有争议的话题。

使用品牌资产有三个目的：

- 所有权（Ownership）——将产品或服务指向一个源头。这个源头以向顾客提供的独有承诺而闻名。

- 锚地（Anchor）——让品牌在顾客心中扎下根。例如，麦当劳和它的金色拱门已经成为大众认可的品牌资产了。然后，当你看到麦咖啡（McCafe）的广告时，你就会把咖啡和你对麦当劳品牌资产的最初记忆联系起来。这样当你下次想买咖啡时，你就会想到麦当劳这个品牌。

- 桥梁（Bridge）——作为不同市场营销活动的桥梁。

丹尼尔·卡尼曼（Daniel Kahneman）在他的《思考，快与慢》（*Thinking, Fast and Slow*）一书中，解释了我们的大脑是如何使用两种思维模式的。他将这两种思维模式分别称为系统1和系统2。系统1是快速的、基于本能的、情绪化的思维模式；系统2是慢速的、费力的、更有逻辑的、更深入的思维模式。两种模式在实际生活中会互相补充。当我们想要说服他人或者想要影响他人的行动时，就要提醒自己注意这一点，譬如为我们的品牌选择无形的品牌资产或者进行促销活动时就是这样。有关决策的科学理论告诉我们，我们大多数的日常决策都是通过系统1自动地、无意识地做出的。而更有逻辑的系统2是用来做出深思熟虑的决定的，但这需要很多精力。当我们累了的时候，精力很容易耗尽。作为人类，当我们决定买哪个品牌的商品时，我们基本上很少使用系统2。当你创建或者重新设计一个品牌时，你要记住人类和周围世界的互动方式。

要知道，许多消费者在购买我们的产品时，是靠潜意识做出的决定。除此之外，夏普在他的《非传统营销》一书中提出，我们关于品牌和品牌建设的很多先入为主的概念都是错误的。他特别驳斥了一个普遍存在的误解：你要追求客户对你的品牌的忠诚度。他指出，用户虽忠诚于不同的品牌，但他们的偏好是一样的。换句话说，你的买家和你竞争对手的买家没有什么不同。你和竞争对手面对的是同样的客户群。夏普的观点告诉我们，品牌建设极其重要——但不是像人们普遍认为的那样，要与消费者建立深厚的情感联系，而是要在争夺注意力方面下大功夫。消费者有很多事情要忙；正因为如此，夏普才强调，认为消费者会爱上一个品牌的观念纯属认识误区。然而，即使是某个产业的重度消费者也不会买遍市场上的所有品牌，他们总是会不断回购他们喜欢的品牌。

所以，如果你不能依赖于"客户忠诚度"，那么你也不能依赖于抓住消费者的"系统2"思维——这些消费者为什么会回购他们喜欢的品牌？通常，这是因为他们要简化生活，放弃费力的选择。为了让他们回到喜欢的品牌上，他们必须认识这个品牌并且注意到它，这意味着无论他们想在什么地方买东西，这个品牌都必须出现在那个地方。

⤴ 品牌发现和品牌识别，以及知识产权

因此，品牌建设最有效的目的就是让买家发现你并认出你。

我们希望创造这样一种情形：当消费者想要买东西的时候，你的品牌会引起他们的注意。而且，如果他们之前见过你的品牌，他们会很容易再次找到你。我们不能指望所有客户都能记住我们。即使买家想寻找你，他们也可能记不清你的品牌形象。如果一个潜在的买家知道你，甚至在前一段时间买过你的东西，现在又想购买你这个行业里的产品或服务，那么你就需要让他们想到你。买家会处于系统1的思维模式当中，你要让你的品牌再次引起他们的注意。如果买家之前从未见过你的品牌，那你首先要让他们注意到你。他们注意到的可能是你的品牌名称、徽标、口号或者象征符号，是那些可以唤起买家的记忆、让他想起你的东西。这就是品牌建设和知识产权需要共同起作用的地方。无论你的品牌如何唤起顾客的记忆、如何引起他们注意，它们都应该是你合法拥有的、独特的东西。

尽管吸引买家注意的可能是你独特的徽标、字体、口号或者其他某种形象，但品牌名称才是你的身份锚地。扎根在买家心中的、让他们想到你的，并不总是相同的品牌元素。如果正确地使用知识产权法，就可以确保你的品牌身份清晰可辨。尽管竞争对手可以复制你的商业模式和解决问题的方法，最终和你不相上下，但如果你仔细选择了自己的品牌元素，并且执行你的权利，保护好它们，那么竞争对手就无法复制你这些独特的品牌资产。如果你首先考虑知识产权方面的问题，然后再去创建你的品牌形象，那么你更有可能选择一个比较好的品牌资产，然后创建一个与众不同的品牌。考虑知识产权，会让你知道最先应该考虑的三到四个品牌元素，这样你就可以确保你的品牌在潜在买家的繁忙生活中具有独特的辨识度了。为了确保你创造出来的东西是独一无二的，为了能阻止别人抄袭，保护这些品牌资产就是必不可少的工作。在此之后，不要改变你的核心品牌元素。

在选择了品牌名称和品牌资产之后才去考虑知识产权，会导致一些问题。有些问题在前几章已经讲到了，还有些在后面的章节以及品牌命名那部分中会涉及。最好的策略就是在你开始进行品牌的视觉形象设计之前和设计期间，获得一些知识产权方面的建议。你选择的品牌元素是否可以保护，这是你要考虑的最基本的内容，更不用说还要考虑这些品牌元素在法律上是不是允许、是不是适合你的商业目标了。接下来，我将以我自己的品牌为例来说明这一点。

我的品牌建设之旅

早在2014年，我就读过一本关于品牌建设方面的优秀作品：劳拉·里斯（Laura Ries）的《视觉锤：视觉时代的定位之道》（*Visual Hammer: Nail Your Brand into the Mind with the Emotional*

Power of a Visual）。里斯书名中的一个关键概念让我印象深刻——就是用"视觉锤"将你的品牌敲入人们的脑海。她认为，每个消费者的大脑都有两个侧面：一个是语言的，一个是视觉的。成功的品牌设计就是把品牌的视觉形象渗透到大脑的这两个侧面当中。当时，我正在为我的企业品牌"全方位产权"（Azrights）设计一个徽标。受"视觉锤"这个想法的启发，我决定加入一个公牛图案来表示品牌建设的最初概念（给牛打烙印）。我们提供的知识产权服务的重点在于品牌保护，因此我们选择了公牛作为视觉锤来强调这一点。我们还换了一个新口号，我同样想把这个口号融入我们的视觉形象。但我在试图把所有这些塞到一起时，得到的品牌形象看起来却是一团糟。它看上去就像这个样子：

（徽标下的口号：让法律变得简单）

　　自2006年我们设计出最初的徽标以来，我们的品牌视觉形象一直随意发展，毫无章法可言。所以，当我认识的一位设计师建议我更新品牌形象时，我的态度是赞同的。当时我刚写完一本书——《品牌合法之路》，并在这个行业中引入了各种各样的新产品，所以看上去也是一个好时机。然而，在"品牌更新"之后，我得到了一个新徽标，没有视觉锤，而且口号也变了。新口号反映了我们定位的一个方面，也就是我们与科技公司以及在线品牌合作。这是我最终得到的新徽标：

lawyers for the digital world

（徽标下的口号：数字领域的律师团队）

2014年的时候，我还没有意识到独特的品牌资产更容易被客户记住，我觉得颜色、字体和口号的变化没什么大不了的。我还以为品牌更新会让我获得一种更美观的方式，有利于整合现有的各种品牌资产；万万没想到的是，一切都随之改变了。那时候，我对品牌建设的了解远不如现在那么全面，我觉得我的品牌视觉形象需要改变，新改的视觉形象无法加入视觉锤，这都是有必然原因的。我接受了设计师给我的建议，也很喜欢这个新徽标，这难道有问题吗？事实上，我抛弃了旧品牌，而新品牌没有使用公牛图案，也没有使用我们原来的口号——"让法律变得简单"（这句话是注册商标）。这与其说反映了设计师的问题，不如说反映了品牌行业的问题。设计师把一切推倒重来，不在原来的基础上重建，这种做法并不罕见。

当然，这并没有引起灾难性的事件：老实说，在那个时候，"全方位产权"的任何品牌资产都没有建立起足够的知名度，改了也没什么关系。毕竟，我用公牛图案也只用了一年。然而，当那些有名的品牌发生变化时，即使是不起眼的变化也会产生破坏性的后果。罗曼纽克列举了果汁品牌纯果乐（Tropicana）的例子。纯果乐是一家果汁公司，以生产橙汁闻名。为了把自己定位成一个更高端的品牌，他们重新设计了视觉形象，把包装盒上的橙子拿掉了。虽然外观看上去更高端了，但是产品的销量却出现了大幅下滑。在这个案例中，设计团队在改变品牌形象之前做了一些研究，但他们的研究集中在了错误的方向上——他们关注的不是如何让包装盒上的橙子变得更出名、更独特，而是关注没有橙子会不会让包装盒看起来更高档。

每当你改变一项品牌资产时，你破坏的都是买家的记忆结构，而这个结构是你之前费了九牛二虎之力才建立起来的。你需要考虑的是消费者如何看待和关注你这个产业、如何购买你这个品牌，以及这些品牌如何融入他们的生活。这样，你才更有可能做出明智的品牌决策，开展促销活动，引导消费者在不同的环境和购买情形下，想到你的品牌。当消费者寻找要购买的产品和服务时，他们通常处于系统1的思维模式下。如果消费者之前使用过的品牌视觉形象发生了变化，就很可能会错过它。

再回到我自己的品牌之旅。2020年，当我计划写这本书的时候，我已经准备好了做出更多的改变。我的业务正处在转型期，其中一个方面就是要推出"品牌力量优化框架"。所以，我似乎到了应该调整我的品牌的时候了。而这一次，我希望加上视觉锤。自我2014年读了劳拉·里斯的书后，我就一直想这么做。

我找到了一个设计师，他同意设计一个独特的图案，融进现有的徽标里。然而，和设计师签约后，我马上发现他可能不是合适的人选，因为他说，仅仅调整现有的品牌设计，在其中加入一些新的元素不是一个好主意。相反，他想设计一个全新的品牌形象，新的徽标、新的字体、新的颜色，等等。当我的第一个设计师面对一张白纸时，她没能给我一个图案，而现在这个设计师告诉我，要添加一个图案就要重新设计品牌！尽管如此，我们还是继续合作……我们尝试使用过一个六分仪的图案。六分仪是一种导航仪器，用于测量物体之间的距离，它的抽象形象很像字母"A"。我当时担心它可能只适合与以大写A开头的新品牌徽标一起使用，因此需要重新设计一个徽标。然而，更大的问题是，当我们搜索是不是可以用六分仪图案时，我们发现一家意大利律师事务所已经在他们的徽标里使用了六分仪，而且他们公司的名字就叫六分仪（Sextant）。他们已经注册了商标。

当你的搜索碰到这样的问题时，你务必要考虑自己的风险承受能力。你可以决定承受风险，为诉讼预留一笔应急资金，或者，你可以选择不同的品牌资产来避免纠纷。

杰克·威尔斯有限公司（Jack Wills Limited）和弗雷泽百货公司（House of Fraser）在2014年的争端是关于使用相似图标造成的争端将如何演变，向我们提供了一个案例。杰克·威尔斯公司的"威尔斯先生（Mr.Wills）"徽标是一只戴着大礼帽、身穿燕尾服、手持拐杖的野山鸡。而弗雷泽百货的徽标是一只戴着大礼帽、穿着燕尾服、打着领结的鸽子。法院裁定，弗雷泽百货公司侵权了"威尔斯先生"商标，并要求弗雷泽百货公司为使用该商标期间导致对方销售利润出现亏损负责。这个案例说明，在创建品牌资产前优先考虑知识产权问题是很重要的。

因此，我们决定不使用六分仪图案。也就在那时，我决定和那个设计师终止合作——他非常优秀，但不符合我当时对品牌建设的需求。基于我在品牌建设方面多年来积累的知识（我都计划写一本关于品牌建设的书了），我决定自己承担这项工作。我找了几个有才华的平面设计师帮我做设计工作。我记得我们之前用过的公牛图案，我们选择它来代表我们的品牌。这也是我的书《品牌合法之路》的封面用公牛图案的原因。后来，我灵光一现，想到用公羊图案来代表我的品牌，因为我认为它可能更适合我们现有的小写字母的徽标。公羊代表了力量，克服困难和实现突破的力量。公羊还代表行动，是希腊神话中英雄主义的第五元素。而且我是白羊座的人，而这个星座恰恰与公羊有关，我用一只公羊作为品牌标志再合适不过了。

设计师们的工作非常棒。这是我们最终修改过的带有公羊图案的徽标。

（徽标下的口号：让法律变得简单）

它和当时的Azrights徽标有明显的传承关联（我们做了些微调）。我对颜色做一点调整，并且把徽标下的口号恢复成了我们注册商标上的口号。因为"数字领域的律师团队"这个口号注定要过时，而"让法律变得简单"这个口号反映了我们的价值观，就是要用日常语言为大家提供简单可行的法律建议。我保留了之前徽标上颜色渐变淡入淡出的创意。这一次，我的收获就是，要保留我的品牌上那些能触发买家记忆的特征。

而且重要的是——公羊图案与现有的任何法律事务所或者品牌代理机构的注册商标都没有冲突。我最终获得了一个专属于自己的视觉锤。它可能在未来把人们对于我的品牌的认知都集中起来!

当我要为我的另一部分业务——"品牌力量优化框架"——设计一个补充图案时,我并没有像寻找公羊图案那样去寻找。因为埃伦伯格–巴斯营销科学研究所的研究指出,你的品牌标识不一定要有意义,因为真正重要的是独特性。所以,我选择了一只没有意义但形象独特的猫头鹰图案。没有其他理由,就选它了!

品牌建设领域处在不断的变化当中

我刚才以自己的公司为例,展示了逐步打造独特的品牌资产有多么不易。有些设计师很快就会提出建议,希望重新设计一个徽标,或者希望全部推倒重来——这是可以理解的,因为视觉形象创意就是他们的工作!但在成功塑造品牌方面,这只是一部分工作。好的设计固然重要,但设计的辨识度和难忘程度也同样重要。这必须是优先考虑的因素。而且,在决定创造和保护什么品牌资产时,必须首先考虑知识产权方面的内容。从我的例子中,你可以看到:如果你想在徽标中加入一个元素,那么必须从一开始就加入,而不是之后再添加。

在我写这本书的时候，品牌建设领域也正处在不断的变化当中。对于如何创建一个品牌，我们有一套陈旧的、可能已经过时的观念，我们还有来自埃伦伯格-巴斯营销科学研究所的新知识体系。现在还很难判断在品牌建设领域应该相信谁。在我自己的例子中，我的体会是，为了把我的品牌建设得更好，我需要全程参与，而不是把它全部交给设计师。另外，选择合适的人一起工作是关键。也许你们的创作过程不同，但为了获得最好的品牌形象，你需要对自己想要什么有一些想法。不要一开始就请设计师，而是要先仔细想一想你对自己的品牌有什么希望。充分思考后再请别人参与进来，这样你就能更好地选择适合你的创意了。

另外，还要运用你在这个部分学到的知识。你使用的品牌资产要让买家更容易做出选择。你的品牌资产已经有了自己的价值——所以不要轻易放弃你使用过的品牌资产，它们可能已经赢得了一些客户的认可。一旦你选择新的品牌资产，你可能会因此损失业务。因为你的潜在客户可能找不到他们熟悉的标志，因此在需要的时候却认不出来你。在抛弃现有的品牌资产之前，要评估它们的知名度和独特性。

在推广品牌时，你的指导方针应该是在媒体和广告中，持续不断地使用你的品牌资产，在不同的购买场景中获得买家心理上的认可。如果要引入新的品牌资产，要注意让这些品牌元素形成一个整体，实现协同工作。这些品牌元素作为一种快速的提醒，可以让买家迅速想起你的品牌；因此，广告投放时应该仔细考虑使用哪些品牌元素，这样看过以前广告的人就能认出现在这些广告来自同一个品牌。别忘了，买家通常处于系统1的模式下，而他们一天内会遇到数百个品牌。

在社会的不同领域，都有法律框架指导它的运作。知识产权法在品牌建设方面发挥着重要作用。要想获取品牌资产的独特性和知名度，需要尽早考虑知识产权方面的问题，而不是在品牌创建后，再把知识产权方面的问题作为独立的事情来考虑。

在设计品牌的视觉形象之前，要将知识产权方面的策略纳入创意过程当中，优先考虑那些可以立即拥有的品牌资产——甚至在它们还未与你的品牌建立专属关联之前就开始考虑。我建议在品牌建设的预算中，加入保护品牌资产的部分。保护品牌资产是保护视觉形象独特性的关键步骤。在视觉形象的设计上花了那么多钱，却不想办法保护它，这么做是毫无意义的。

>>> **本章要点** <<<

- 建立一个独具特色的品牌，在你的产业圈中脱颖而出，让这个品牌看上去就是属于你的品牌。
- 使用非名称的品牌元素（比如徽标、特殊的字体、口号或者包装设计），和你的品牌名称建立心理上的联系。
- 找设计师之前，先仔细思考你的品牌思路，并且接受知识产权方面的指导。

- 了解你面对的市场，这样你就可以利用广告投放和促销活动，在客户与你的品牌之间建立联系。重要的是帮助买家找到你并认出你。

- 制定品牌建设的指导方针，在媒体和广告中持续不断地使用你的品牌资产，在不同的购买场景下，让买家都能认出你。

第三部分
"U"——深入理解市场

在"品牌力量优化框架"中，"U"指"深入理解（understand）市场"。在这一部分中，我们将讨论了解市场的重要性，以及了解你自己和你创建品牌的动机的重要性。然后我们将讨论如何研究竞争对手、客户，以及在这种情况下，如何定位你的业务。

第五章

商业战略

到现在为止，你已经对知识产权和品牌建设的关系有了更充分的了解。接下来，你要了解市场，确定你的商业战略。

无论你是在准备开展一项新业务，还是在重新思考现有的业务，首先要想清楚你希望通过这项业务实现什么，你的期望和抱负是什么，然后才能决定如何发展你的创意和品牌。根据你要推向市场的东西，对你的创意和想法进行测试，这一工作至关重要。

一旦准备好全面启动业务，你就需要一个商业计划。你不会在没有图纸的情况下建造房子，同样，如果不事先想清楚就开始做生意也是不明智的。你的计划不必面面俱到，但有一个计划很重要，而且至少每年都要重新评估和更新它。要明确你可以解决哪些问题，这些问题是为哪些客户解决的，以及你的立足点是什么。知道这些，会帮助你更有效地解决问题[1]。

有些人对自己的业务缺乏深入的思考，没有计划清楚就匆匆

---

[1] Oliver Gassmann, Karolin Frankenberger, Michaela Csik, *The Business Model Navigator* (2014).

上马。他们在没有想清楚品牌要传达的实质内容之前，就直接开始视觉设计。他们花了钱，就想得到一个看得见、摸得着的东西。他们认为视觉形象能为他们提供开展业务所需要的一切。结果就是，他们往往到了进行视觉设计时，才第一次回答本书第三部分里涉及的问题。指望设计人员带着你理解自己的业务愿景是不现实的。他们的工作是创意设计，而不是为你定义你的业务身份（business identity）。定义业务身份是企业创始人的工作。

设计纲要经常是误解的产物。因为不管出于什么原因，设计师和他们的客户们的思路经常不在一个频道上。作为客户，你可以避免这种情况发生。你需要确保自己清楚地传达了企业的愿景，并通过询问正确的问题来理解设计师（或其他创意人员）能为你做什么、不能为你做什么。为了达到这种效果，在制定品牌战略和进行视觉设计之前，你应该考虑清楚你的商业战略。这样做有一个显而易见的好处：我们一开始就考虑知识产权问题，比在品牌创建后再考虑它更便宜；同理，想清楚商业战略后再请设计师，比一开始就请设计师要便宜得多。

🔄 战略性思维

你需要一个三年到五年的商业战略，其中知识产权战略是一个重要的组成部分。除此之外，你还需要一个品牌战略，以及围绕品牌建设和市场推广而制定的年度市场营销战略。你的品牌战略产生于你的商业战略，而你的营销战略产生于你的品牌战略和商业战略。

这些战略的最终目标就是让你在竞争中建立持续的优势。其中一个方法就是设计商业模式。想清楚你的商业愿景，根据你的解决方案定位好你的目标客户。关注最终目标、关注实现它的路径；这样一来，你在开始设计自己的视觉形象时就会有明确的思路。反之，如果一开始就忙着设计视觉形象，思路是不会清晰的。

虽然看到自己的想法变成引人注目的视觉形象会令人兴奋不已，但是在你决定创建一个品牌或者改变一个现有的品牌时，请少安毋躁，先不要改变现有的视觉标识。这一点对我自己来说也是一样。当我想到"品牌力量优化框架"这个创意后，我也不得不控制住自己寻找设计师的冲动。我发现，不能急着去考虑视觉形象设计。我会先试试水，与潜在的客户交谈，制定出一个战略，然后再考虑设计一个合适的视觉形象。

一个漂亮的徽标或网站、一个好听的名字并不能保证让你成功，成功主要来自更好的决策。而更好的决策通常来自正确的商业模式和商业战略。在开展业务时，千万不要低估思考和计划的重要性。

🔁 商业计划和商业策略

虽说探讨如何写出一份商业计划书超出了本书的范围，但我要提醒你，在全面思考自己的业务时，这是一个很关键的步骤。商业计划本身就很有价值，可以帮助你厘清思路。根据业务创意不同，你的大量概念验证阶段的工作会投入在商业计划的不同部分。如果你需要引入投资，那么你的商业计划就增加了另一个目的。在这种情况下，它就应该更正式、更全面，以便吸引投资者。从本质上说，商业计划之所以有用，就是因为你花了时间去计划。它为你提供了一个做出更好决策的行动路线图，你可以回过头来评估，或者每隔一段时间就更新一次这个计划。你的商业计划中可能涉及多方面的问题，这也是本书不讨论商业计划的原因所在。我只想强调，正确的商业模式对成功的重要性。不妨看看这些竞争对手的例子：易捷航空（easyJet）和英国航空（British Airways）、戴尔公司与惠普公司、亚马逊与巴诺书店（Barnes & Noble）。

你的商业战略是达到特定业务目标的高层次计划。选择什么样的目标，是商业战略的重点。以天真牌冰沙饮料（Innocent smoothie）为例：尽管产品价格较高，但它的市场增长速度却快于它的主要竞争对手。根据让-诺埃尔·凯费洛的说法[1]，在

---

[1]　该说法源于他的著作《品牌管理新战略》。——译者注

同一时间段内天真牌饮料的销售额增长了91%，皮特·约翰尼牌（Pete & Johnny's，简称PJ）增长了10%，而其他自有品牌增长了24%。

然而，冰沙饮料这个市场并不是天真饮料公司创造的，它是第二个进入该市场的品牌。皮特·约翰尼牌饮料在1994年率先进入这个市场，天真饮料是1998年进入的。天真饮料的成功，关键在于它的商业战略。它推广健康饮料，并引发了一场关于好食品和坏食品的争论，以及关于这个行业是以降低成本为目的还是以为消费者提供健康饮料为目的的争论。它选择的品牌名称"天真（Innocent）"，意思是没有杂质，这是它品牌中的一个重要元素。旗帜鲜明的价值观可能是它战胜皮特·约翰尼牌饮料的原因，很多人认为皮特·约翰尼牌饮料只是一个试图模仿班杰利自制控股公司（Ben & Jerry's Homemade Holdings Inc，简称Ben & Jerry's）的营销品牌。而天真饮料是一个针对年轻人的品牌，它强调品牌承诺（健康）和品牌个性（有趣）。而皮特·约翰尼牌饮料缺少鲜明的价值观，没有真正的品牌内容，没有打动人心的故事，也没有不惜代价兑现承诺的能力——它只是有很多钱，因为它背后是百事公司。

为企业未来的发展设定一个愿景，可以帮助你回答一些根本性的问题。这些问题会是你整体商业战略中关键的组成部分。

制定商业战略是你克服困难的方法，是你跨越障碍的手段，是你应对挑战的措施。如果你不知道挑战在哪里，就很难甚至不可能知道你的战略是否管用。理查德·鲁梅尔特（Richard Rumelt）在《好战略，坏战略》（*Good Strategy/Bad Strategy: The Difference and Why It Matters*）一书中提出，商业战略的核心包含三个要素：

（1）调查分析；

（2）指导方针；

（3）连贯性活动。

他警告说，如果没有克服困难的计划，就不要谈商业发展的宏伟愿景。

鲁梅尔特还特别反感用所谓的"模板"来建立业务愿景、使命和价值观的方法。然而，这种制定企业战略的方法在中小型企业中很受欢迎，它是一个很有用的起点，可以帮助创业者描述你的企业是做什么的，打算卖什么产品或者提供什么服务，受众是谁，为什么要这么做。它给了你一个全局视角来看待这些问题，并帮助你理解正在发生的事情。所以，这也是我们在本章中要用的方法。

成功没有诀窍

鲁梅尔特并不是唯一一个对千篇一律的商业模式嗤之以鼻的人。菲尔·罗森维（Phil Rosenzweig）在《光环效应》（*The Halo Effect*）一书中，建议企业管理者认真思考自己的商业战略，而不是去找什么一针就灵的成功秘诀。他列举了9种人们容易犯的错误，它们都是不进行具体分析，只是根据一般印象——也就是"光环效应"——而采取行动的例子。

同样，《超越战略：下一代公司的影响》也是一本好书。它让我大开眼界，指导了我的商业思维。作者迈克尔·莫斯加德·安德森以及弗莱明·普尔费尔特令人信服地证明，在商业中没有放之四海皆准的成功秘诀。他们解释说，尽管一些著名的领导力丛书暗示，成功是有秘诀的，但事实上，成功的秘诀会根据公司所处的环境而改变。因此，必须因地制宜，通权达变。

两位作者建议，你应该把关于领导力和商业战略的经典书籍看作是有益的精神食粮，以及开展业务的指南。但你不要忽视这样一个事实：关于业务的"烹饪指导书"并不会给你带来成功。因此，我希望你也用这种方式，灵活使用"品牌力量优化框架"。

🐬 愿景

对你的业务来讲，有一个清晰的愿景是很重要的。

在寻找和确定你的愿景时，可以采用一些简单的方法。比如，把你认为达到目标所需要的最重要的步骤写下来，然后找一个步骤，作为练习，制订一个计划去完成它。这是一个很好的开始，也是思考的起点。它可以帮助你认清自己的位置，这样你就可以决定下一步做什么，决定如何把资源集中在真正重要的事情上。一旦选择了目标，你的战略就会有的放矢；它们就是你实现目标的步骤。

当你这样思考的时候，你会对自己业务的愿景产生清晰的认识。从根本上讲，你的愿景聚焦在你开创的业务以及你开创它的原因上。这个愿景加上你的价值观决定了你会如何设计你的业务，决定了你希望它以什么样的方式为人所知，希望它代表了什么、做出什么承诺。

亚马逊公司的愿景是成为全球最以客户为中心的公司，使得客户能够在线查找和发现任何东西。

企业家埃隆·马斯克（Elon Musk）追求的目标是推动人类向新的方向前进。特斯拉（Tesla）本质上是他用来实现这一目标的一款汽车。

你如何向自己、向你的团队以及外部听众定义你的企业愿景？他们如何知道你的业务是什么？

你的价值观和信仰是你的品牌最基本的元素。对许多企业的创始人来说，这是比利润更重要的事情，而且很可能比眼前的业务更重要。你的价值观是建立正确企业文化的基石，是企业安身立命的根本。制定愿景的一个重要方面就是清晰地表达你的价值观，因为你所做的每件事都需要与它们保持一致。我稍后会再次回到这个问题，先让我们谈一谈价值观。

⤷ 价值观

脱离实际去谈价值观就是闭门造车。你可能有很多价值观指导你的生活，但在确定企业的核心价值观时，你需要有一定的选择——理想情况下，你只能选择三种价值观。因此，选择哪些价值观和你所处的商业场景有关，具体而言就是对你这个行业提供的产品或者服务，你有什么价值观？如果你的产品是个人护理用品，那么你对个人护理的价值观是什么？如果你提供的是法律服务，那么你对法律服务的价值观是什么？你选择的价值观应该符合你的身份，并且针对你所在行业中要解决的问题。例如，当我创建我的品牌时，我的一个最高价值观就是用普通人听得懂的话和人交流。当我遇到一个律师，可以用朴实无华的语言起草普通人看得懂的法律协议时，我就觉得他能很好地代表我的品牌。

你为了解市场而做的研究应该能够帮助你发现你的行业中存在的一些问题。你可以通过思考这些问题，来确定你要解决的问题是什么，以及你的价值观是什么。请想一想在这个行业中，你喜欢什么，不喜欢什么。

明确价值观这件事会影响你的所有其他决定，包括你的市场定位和品牌承诺，以及你招募的团队。只有充分澄清你的价值观，你才能更好地与企业内部以及企业外部的人交流，你的团队才能始终如一地履行承诺。你的价值观也会影响你对待自己产品和服务的态度。如果你不能创造一种文化，让你的价值观与你的业务目标保持一致，那么你就很难引领你的企业走向你希望的方向。

想一想，你最珍视的信念是什么？你首要的信条或者价值观是什么？在你的业务中，你想贯穿始终的价值观是什么？你的价值观决定了你卖什么、不卖什么、在哪里卖，以及你代表了什么。例如，2009年，电脑市场蓬勃发展，很多电脑公司都推出了围绕上网需求的低成本的、简化功能的迷你型笔记本电脑，追逐低利润销售。人们询问现任苹果公司首席执行官蒂姆·库克（Tim Cook），苹果公司在电脑市场上的战略。从他的回答中，你可以看到苹果公司的品牌价值观。他说：

我们要做的是伟大的产品。而当我看现在的电脑市场时，我看到的是狭窄的键盘、糟糕的软件、劣质的硬件、非常小的屏幕，消费者的体验很差。坦率地说，我们不会用Mac品牌做这些东西。因此，我们对目前存在的这个市场不感兴趣，我们也不相信从长远看，客户会感兴趣。我们不会进入这个市场。

你的价值观就是你在实现商业目标的过程中永远不会放弃的东西，就是对你来说神圣的东西。你甚至会为了它放弃额外的利润。你的价值观可能包括正直以及信任等，但只有当你所在的行业缺乏正直或者缺乏信任时，你才应该选择这样的价值观。换句话说，你的价值观不应该是那种在每个行业都能用到的陈词滥调。你可以选择一些轻松的价值观，比如享受工作的乐趣也很重要等。

你的价值观和你的内驱力以及你管理企业的方式密切相关。它们影响着你的企业文化，影响着你的领导方式。为了确保你的价值观成为员工的重要执行工具，而不仅仅是在年终总结中的套话，你可以参考一些成功的企业，看看它们在聘用和激励员工时，是如何使用他们的价值观的。

美捷步（Zappos）就是一个很好的例子。为了实现公司的目标，管理层在公司的宣言中包含了十个价值观。他们确保每个雇员都认可这些价值观和公司的目标，每个人都必须与公司的价值观和目标保持一致。他们用这些价值观创造了一个非常成功的在线鞋店。

对于大多数企业来说，在思考他们的价值观、阐明他们的商业目标时，最难的部分是厘清如何实现这些价值观和目标，而不是让它们仅仅停留在纸面上。

🐬 使命还是目标

1962年，米尔顿·弗里德曼（Milton Friedman）[1]在《资本主义与自由》（*Capitalism and Freedom*）一书中写道："企业有且只有一个社会责任：在游戏规则（公开的、自由的、没有诡计与欺诈的竞争）范围内，为增加利润而运用资源、开展活动。"自那时以来，商业形态发生了巨大变化。2009年，西蒙·斯涅克（Simon Sinek）[2]在《从"为什么"开始：乔布斯让Apple红遍世界的黄金圈法则》（*Start with Why: How Great Leaders Inspire Everyone to Take Action*）一书中说，大多数成功的企业都知道他们为什么要做现在的事。斯涅克在他提出的黄金圈法则（Golden

---

① 美国著名经济学家，芝加哥大学教授、芝加哥经济学派领军人物、货币学派的代表人物，1976年诺贝尔经济学奖得主、1951年约翰·贝茨·克拉克奖得主。弗里德曼被广泛誉为20世纪最具影响力的经济学家及学者之一。——译者注
② 作家，因发现黄金圈法则而得名。——译者注

Circle）中认为，在思考你的商业策略时，要从"为什么"开始，然后过渡到"怎么做"以及"做什么"。

你的"为什么"，关乎你的目标、你创办企业的理由，它应该超越你的产品。如果在这个世界上，有一件你最想完成的事，那它是什么？为了让这个目标成为一件真正重要的事情，它必须超越企业的利润目标，它必须是企业最高层次的问题。

斯涅克区分了目标（purpose）和使命（mission）这两个词。他认为，你的目标是你存在的意义，而你的使命是你在这个世界上想做什么。虽然他做了区分，但大多数人仍然分不清它们。根据我的经验，如果你无法在使命之外再找出一个目标的话，也没有必要担心。与其围着这个问题转，不如像很多企业——比如爱彼迎（Airbnb）——那样，直接做生意就行，不用区分"为什么"和"做什么"。

在新的数字环境中，推动商业发展的力量发生了变化，商业已经远远不是纯粹地以利润为中心了。经济的变化、新技术、全球化加剧和激烈的社会政治变革，以及现在的新冠肺炎疫情，这些都意味着企业需要将自己的品牌聚焦在企业目标上[①]。

一般来说，这是在更高的层次上，用一种高瞻远瞩的方式来

① "With shared purpose, EY and Simon Sinek unite to redefine how business operates in the 21st century"；"Why business must harness the power of purpose".

宣布自己的使命。使命背后的目标可以激励你的团队，为你的业务指明方向。用全局思考方式告诉大家你想做什么，更有利于鼓舞人心。比如，耐克公司的目标不是制造或者销售运动产品，而是要激励和鼓舞你的斗志。他们明确表示，他们的目标就是激励世界上每一个参与运动的人。他们说，只要你有身体，你就是运动员。换句话说，我们都是运动员。耐克公司的目标一点没提到他们的产品。他们的口号"Just Do It（想做就做）"包含了对人的激励，寓意远在他们的产品之上。

这里的重点是理解你带给客户的改变，以及你如何实现这种改变。你的产品只是一种手段，旨在实现你的客户想要的那种改变。所以要从客户体验出发，看看你能为他们提供什么来满足他们的需求。

亚马逊公司的使命是努力为客户提供最低的价格、最好的选择和最大的便利。

达能集团（Danone）不会说"我们提供的酸奶更好"。他们并不把自己定义成酸奶生产商，而是把自己定位成为人类改善食物——特别是乳制品——的开拓者。像耐克、达能以及丰田这样的品牌，并不把重点放在他们能提供什么不一样的产品上，而是放在更高层次的目标上。达能集团希望"通过食物为大众带来健康"（让-诺埃尔·凯费洛，《品牌管理新战略》）。

关于企业目标和企业的社会目标问题的争议

在品牌建设领域，企业目标是一个有争议的话题。围绕它有很多争论，大家都质疑它能否起作用或者是否合适。市场营销专家马克·里特森认为，在99%的情况下，关于企业目标的讨论都是"一派胡言"。他在2021年接受"品牌力量优化框架"播客的采访时说：

……（这都是）品牌经理搞的鬼。他们觉得大声吆喝卖产品掉价，不愿意在伦敦北区①参加晚宴时承认自己是卖咖啡、卖啤酒、卖石油，或是卖什么难以启齿的产品的。所以，他们发明出一些东西，让自己听起来更上档次，好像自己正在改变世界。抱歉，我这话听起来有点愤世嫉俗，但这真是太可悲、太糟糕了。如果你观察数据和品牌，你很快就会知道，品牌是非常、非常不重要的东西，除了运营它们的品牌经理外，没人会在乎它们。只有品牌经理把目标看成是天大的事……所以，有时候看到大家对目标那么心心念念，真替他们感到悲哀。不过，也有例外。主营户外服装的巴塔哥尼亚公司（Patagonia）已经是老生常谈了，还有班杰利公司，我现在最看好的是都乐公司（Dole）……他们的目标是在美国人的饮食中，加入更多的水果——这实在是个伟大的目标。这不仅仅是赚钱的事，而且是他们可以做到的事。

---

① 伦敦北区是朋克文化的发源地，高校云集，艺术气息浓厚。——译者注

　　我在写这本书时采访了品牌专家兼作家亚当·摩根（Adam Morgan），他不同意里特森的观点，他认为企业目标并不像里特森说的那样非黑即白：

　　对许多公司来说……企业目标是非常实际的、与生俱来的东西；它来自企业创始人的真实愿望，或者来自成立公司的初衷；在某种程度上，它仍然是这个企业做很多事情的基础。这并不是说他们做的每一个决定都会与这个目标一致，也不是说他们不会偶尔请某个首席财务官在某些细节目标上做修改。但总的来说，企业目标是做出重要决策时的避雷针，是首席执行官的决策工具，是他们塑造自己的企业文化和指导工作的一种方法。但的确存在很多品牌，它们的企业目标完全是装点门面的，对内并没有真正的控制力，只是为了在消费者那里炫耀而已。只不过，我们总是把这两类公司混为一谈。我认为，在我研究过的那些在本行业里角逐竞争的公司内，也许不是全部，大多数企业有目标这个概念。他们可能不把它叫作企业目标，但他们有一种炽烈的激情，想把一些思想归入企业目标这个类别，或者归入企业文化。这是他们能够吸引客户的核心竞争力，是鼓舞这些企业家的希望之光，在他们闯荡这个世界、这个行业，面对市场霸主或零售商们在他们前进道路上设置的重重障碍时，这绝对是他们最根本的动力。同样，如果你和价值投资者交谈，你会很惊讶地听到他们说："好吧，我们希望投资的品牌是那些在心目中具有企业使命和目标的品牌。"

摩根还提出了一个有趣的观点，他说越来越多的大公司开始模仿小公司。我在这里再一次引用他的话：

……所以你可以说，大公司的企业目标是把理想主义做成产业。这么说吧，如果你接到电力公司打来的匿名电话，语调轻松而友好，那是因为他们试图模仿小品牌的那种人情味十足的友好举措。

在企业目标的争议之上，是围绕着企业社会目标的争议。如果说，比起仅仅卖东西，你还能找到一项社会事业作为你的产品或服务的社会目标［比如汤姆斯（TOMS）鞋业公司，他们把"卖一捐一"这个口号作为自己的社会事业］，那么这个社会目标就是有意义的；如果一项社会事业对你来说并不切合实际，那它就不是一个好主意。因为如果你只是把它当作营销的噱头，你就不太可能成功。大约只有10%的企业能找到合适的社会目标，激励自己前进，比如巴塔哥尼亚公司或者汤姆斯鞋业公司。巴塔哥尼亚公司是一个非常好的例子——事实上，他们的存在不只是为了销售产品，而是为了拯救地球。他们认为"拯救"地球还不够，还要修复地球，这和他们的整体哲学非常合拍。巴塔哥尼亚公司的商业运作完全服从于他们的社会目标。

然而，对于其他企业而言，在考虑企业目标时，没有必要与社会目标混为一谈。在思考企业目标时，你首先要考虑的是团队利益，而不是来自外部的驱动。你完全可以在不考虑社会目标的情况下为你的团队设定一个鼓舞人心的商业目标。

事实上，我甚至会说，关于企业目标，人们会犯的最大错误就是，把商业目标和社会目标混为一谈。这二者可以是同一个目标，但你必须能够识别出它们什么时候是同一个目标，什么时候不是。很多企业打出各种社会目标"牌"，譬如绿色环保牌、追求卓越牌、奋发向上牌、激发灵性牌……不管你用哪个词，只要你假装有这个社会目标而实际上没有，那么在品牌建设领域就是一件坏事。虚假的目标是危险的。围绕着社会目标的炒作会在一些方面对品牌造成坏的影响。

>>> **本章要点** <<<

- 制订一份商业计划，列出你要解决的问题、你的目标客户是谁，以及你的观点和态度。

- 制定你的商业战略：你将使用什么样的商业模式；你将如何克服困难；如何在竞争中始终保持优势地位。

- 为你的业务确定一个清晰的愿景，聚焦在你开创的业务以及你开创它的原因上。

- 在你的行业中，根据你的定位和你要解决的问题，为你的产品和你提供的服务选择价值观（最好是三种）。

- 从客户体验出发，看看你能提供什么产品或服务来满足他们的需求。设定你的企业使命或企业目标（不一定是社会目标）。

第六章

你所处的到底是什么行业

　　每一个由盛转衰的主流行业，它们的发展受到威胁，增长放缓或者停滞，都不是因为市场饱和，而是因为管理失败。为了避免出现这种情况，西奥多·莱维特（Theodore Levitt，现代营销学的奠基人之一）在2008年出版的《营销短视症》（*Marketing Myopia*）一书中指出，企业不应该再用自己的产品来定义自己，而应该根据客户的需求重新给自己定位。因此，要好好想想你真正从事的到底是什么行业，你是否很好地满足了客户的需求。

　　在这方面做得最好的是影院业。我小时候，进电影院之前总要先去附近的商店买糖果、坚果和饮料，然后带进电影院里吃，因为电影院不卖食品。今天，去电影院看电影是一种完全不同的体验。电影院通常会提供多种食物和饮料供顾客在进入放映厅之前购买，还有一些电影院在放映厅内设置了酒吧区，来提升观众的观影体验。和传统的、一排排难受的座椅相比，如今的影院提供了宽敞的扶手椅，有些座椅之间甚至有小桌子，可以放食物和饮料。你在电影院里的体验更像是在酒吧餐厅。电影院因此有了额外的收入，而这些收入以前是没有的。它们远远超过了电影院卖电影票的收入。此外，他们还更好地满足了客户的需求。

不妨问问自己，我们真正从事的到底是什么行业？不要仅仅把注意力停留在发现新商机上。科技正在迅速改变世界，换个角度思考自己的业务，可能会为你带来新的见解。作为一家企业，这种思考可能会影响你的生存。通过柯达公司的例子，我们可以清楚地看到这一点。如果柯达的高层曾经考虑过这个问题，他们可能就会做出决定，公司不能只做胶卷业务了，应该进军数字影像存储市场。根据客户要实现的目标，更广泛地定位自己和自己的角色，企业就可以对不断变化的技术环境做出更适当的反应。如果把他们的业务定位在数字影像存储市场上，那么他们提供的产品和解决方案就不同了。这些产品会跟上时代的脚步。然而，柯达公司却把注意力集中在保持现有的收入上了，没有去理解并满足客户的需求。

虽然这不是一个容易回答的问题，但是否真正了解你从事的行业，对你企业的成败兴盛至关重要。把心思放在你投入资源的地方、放在你懂的地方、放在那些让你成功的产品和服务上，是人之常情，但更好的做法是把心思放在你要为他人的生活带来什么改变上，而不是放在你能提供的产品和服务上。当客户和你做生意的时候，这么做有助于你发现他们的感受，了解他们的诉求。他们期望的更好的自己是什么样子的？他们理想的生活是什么样子的？你需要弄清楚自己能做些什么来帮助客户填上这个缺口，帮助他们走到那一步。

然而，理解客户的需求、知道现在该不该改变对行业的看法，绝非易事。

案例分析：兰德·费希金和莫兹公司

企业家兰德·费希金（Rand Fishkin）在他的《迷失和挫败：给创业者的真实血泪指南》（*Lost and Founder: A Painfully Honest Field Guide to the Startup World*）一书中，解释了他的摩兹公司（Moz）的商业战略。他们一度开发了各种相关的在线产品。这是因为他认为，搜索引擎优化（SEO）这个市场已经达到了顶峰，将业务分散到其他相关产品中是合适的，也是明智的。毕竟，没人想成为下一个柯达。然而，实际的情况是，公司的注意力从他们最强大的、最主要的搜索引擎优化业务上转移后非但没有开拓新市场，反而失去了在搜索引擎优化市场的部分份额，时间最终证明这个决定是一个错误。在反思的时候，费希金认为，当时更合理的战略是专注在他们的核心竞争力上，成为世界上最好的搜索引擎优化服务提供商。他很可能是

> 正确的——搜索引擎优化服务曾经是、现在仍然是一个非
> 常重要的市场。这说明准确地解读市场并制定出正确的战
> 略是多么困难。

　　要真正理解你从事的行业，就意味着要让你的产品或服务
面向市场，围绕客户的需求做出改变。这就是所谓的"市场导
向"。这个术语是彼得·德鲁克（Peter Drucker）在1954年出版的
《管理的实践》（*The Practice of Management*）一书中提出的，他
在书中指出了理解客户的重要性。德鲁克认为，以市场为导向是
关键，这一原则覆盖了业务的方方面面。这并不仅仅是市场营销
部门的事。正如他说的那样："对于市场的关注和责任必须渗透
企业的各个部门。"

　　我们应该调查研究，而不是依靠我们对客户的假设和直觉
（根据我的经验，这些假设和直觉几乎总是错的）。以市场为导
向意味着各部门齐心协力，一起发现、预测并满足客户的需求。
要做到这一点，你要在心里勾画出一个产品或服务的样子以及它
所属的行业。尽管你不想被你现在的产品或服务束住手脚，但你
现在卖的东西不可避免地会影响你的调查研究。通过调查研究，
你可以理解你的客户，知道是应该在当前的产品或服务上投资还
是应该进行多样化转型。

⤷ 产品和服务的区别

一般来说，产品是有形的东西，比如一盒巧克力或者一辆汽车。你看得到产品，在某些行业，你能感受得到或者闻得到产品。它一般是你可以触摸、抓握的东西。因此，当你购买一件产品时，你更容易评估你要买到的是什么，也更清楚它的质量会如何。相比之下，服务——例如品牌建设服务或者市场营销服务——是无形的。它是由一个人或多个人为你提供的，在你购买之前，你通常不会感受到它或者尝试到它。这是对产品和服务最简单的区分。

然而，有些产品也是无形的，比如软件。因此，我们要从客户的角度出发去思考，他们花钱以后得到了什么。一般来说，产品是你花钱以后得到的东西——通常，一旦你买了它，它就属于你了。而服务是你花钱以后得到的时间和专业技能。而且，尽管这些时间和专业技能产生的成果属于你，但时间和专业技能本身不属于你。

如果这种区分还不够清楚，那么还有一层更复杂的情况。服务是一种无形的"产品"，由此类推，你也可以将服务产品化，这样它就比一般的服务更看得见、摸得着。这意味着你需要以一种不同的方式对服务收费，赋予它一种与其他服务不同的特点。比如说按时间收费。除了为服务设定一个固定的价格外，你还可以采用下面这些关键步骤把一个服务产品化：

• 提前告知客户这项服务都包括什么，并有一个预先制定好的服务流程；

• 详细解释这项服务的工作范围；

• 为它起一个独一无二的名字；

• 写清楚购买这个服务后，顾客得到的结果和收益。

当一项服务产品化以后，它就有了自己的特色，就能像有形的产品一样获得自己的声誉。一个产品化的服务，它的质量较少依赖提供服务的个体——别忘了，无形的服务其实是顾客花钱购买的时间和专业技能。如果你提供的服务更关注顾客获得的结果，如果你的服务比你的时间和专业技能更容易被评估，如果你的服务对每一个顾客来说质量都差不多——那么你的服务很可能就被产品化了。

这听起来可能过于复杂，不过，当你越明晰你给市场带来的产品或服务是什么，你就越能确保你提供的东西与买家的需求一致。弄清楚你提供的是什么，可以帮助你决定进行什么样的市场研究。

🔗 产业品类

我在本书中已经多次提到"产业品类"这个词了，比如第四章中提到的"品类进入点"。我们有必要在这里更详细地研究一下这个词，因为你的产品或服务所属的产业品类或者商业范畴为你的市场研究设定了范围。它决定了你要理解哪些市场。

食品与化妆品属于不同的产业品类，它们和法律服务产业也不同。拿咖啡馆为例，它所在的产业是餐馆行业的咖啡馆产业；而饼干，属于饼干产业。但是要注意，不要把产业范围定义得太狭窄——如果你定义得太狭窄，就会错失一些顾客或者忽略一些竞争对手，他们对你的日常生意是有影响的。

了解你的竞争对手是理解市场和你这个产业品类里的买家的关键。竞争对手包括直接的竞争对手和间接的竞争对手。后者提供的产品可能会让客户获得与你的产品类似的体验——即使他们提供的产品和你的完全不同，只要客户体验相似，那他们就是你的竞争对手。在研究你所在的产业时，要像关注直接竞争对手一样，关注买家可能选择的间接竞争对手。比如，麦当劳的竞争对手是所有快餐生产商，而不仅仅是汉堡生产商。

珍妮·罗曼纽克在《打造独特的品牌资产》一书中，举了一个供应午餐的咖啡馆的例子。她建议这家咖啡馆找到人们中午出来吃饭的原因。这些人在什么情况下会出来吃饭？为什么在你这种咖啡馆里吃饭？他们有什么其他选择？你的竞争对手是谁？你可能会注意到附近的外卖店，人们可能会选择它们。要发现买家的需求，需要了解他们在什么时候、在什么情况下会购买你的产品或服务。不要把眼光局限在购买你这个品牌的客户身上，要在更大的范围内，理解你这个产业品类里的客户。通过深入了解你这个产业中的买家——他们为什么会买这些东西，是什么需求促使他们在这个产业品类中寻找解决方案，是什么促使他们购买——你就会对"品类进入点"有更清晰的理解了。

克莱顿·克里斯坦森（Clayton Christensen）[①]在《与运气竞争》（*Competing Against Luck*）一书中介绍了一个很好的方法来理解买家为什么买东西。他的方法是让人们思考客户买这个产品或服务是用来做什么的。利用这种方法，麦当劳就能知道人们在早上买一杯奶昔是为了消除漫长通勤途中的无聊。喝完一杯奶昔的时间比其他饮料长，因此更适合通勤者的需求。

买家有一些基本需求，这个产业品类中的所有商家都必须满足。这是产品或服务的最低要求。除此之外，你还可以提供一些额外的加分项，满足你这个产业品类中一些特殊买家的需求。因此，理解产业品类内不同类型买家的需求非常重要。

深思熟虑还是随意选择

阿黛尔·里弗拉（Adele Revella）在《用户画像：大数据时代

[①] 1995 年麦肯锡奖得主，是"颠覆性技术"这一理念的首创者。——译者注

的买家思维营销》（*Buyer Personas: How to Gain Insight into your Customer's Expectations, Align your Marketing Strategies, and Win More Business*）一书中强调，你需要做什么样的市场研究，和买家在购买前需要花多大精力思考有关。如果买家需要花很多时间和精力评估他们的选择（也就是说，他们启动了系统2的思维模式），那这就是一个需要深思熟虑的消费领域。比如买汽车，评估一种新的技术架构，或是为他们的子女选择一所学校。通常，深思熟虑的消费会涉及大笔财务支出，而这个决定的结果将深刻地影响一些人未来的生活。买方一般要对各种选择进行全面的分析，然后得出结论。通常来讲，买家的决定还会影响到其他人的生活，买家还要和这些人讨论或捍卫自己的决定。

随意选择的消费，比如买什么牌子的香皂，通常需要更复杂的研究手段来理解客户的选择。因为一个人在随意选择或者冲动消费时，常常是潜意识做出的决定。

根据你提供的产品或服务，你可能需要使用复杂的算法来检测买家的线上行为，或者，你需要选择某种模型和人类学的研究成果，以便弄清楚人们无法向他人——甚至自己——解释清楚的某种心态。相比之下，那些深思熟虑的决定也许更容易弄清楚，因为买家已经有意识地做了很多深入的思考了。

接下来我们将看到不同类型的市场研究。不过，当我们考察这些研究类型时，最好记住里弗拉的话。比如，她建议，对于那些深思熟虑后的购买决定，构建用户画像的最有效方法是采访那些买家，尤其是采访那些权衡过不同选择、考虑过或者拒绝过某些解决方案，并最终选择了某个和你推荐的方案类似的买家。采访十个客户或是潜在的客户就足够了，你唯一需要问的问题就是：请带我回顾你第一次意识到你需要一个解决方案来解决你的问题的时刻。你第一次意识到有问题需要解决是什么时候？告诉我，是什么事件导致你找到了这个与我的方案类似的解决方案？（买家的购买决定可能发生在很久之前，远在他们知道你的公司之前。所以你要带他们回到他们做出购买决定的那一刻，看看他们是否还考虑过其他选项。）

里弗拉的方法提供了一个强大的工具，引导你将自己的商业活动直指你的市场，如此一来，你就可以创建出用户画像：也就是说，你可以挑选出那些最喜欢或者最需要你的产品的人，而且在你向他们推销时最不用费力气，因为他们已经在寻找你提供的产品或服务了。我们将在本章末尾更详细地讨论用户画像。

市场研究的类型

为了了解你的市场，你需要大量的信息，以便做出更好的决定。大型企业的市场研究和小型企业的市场研究不同，很多研究不是小型企业负担得起的。但是研究总比不研究好，而且也不一定花很多钱或者搞得很复杂。你在谷歌上简单地搜索一下，就可以知道市场对某个问题的看法，收集到对某个问题有价值的见解或者一些市场机会；或者看看竞争对手在提供什么产品，他们正在解决什么问题。然后，一旦你对市场有了宏观的了解，你就可以深入到具体问题当中，收集信息，推出你的新产品或新服务。

下面列出了做不同类型的市场研究需要涉及的一些基本信息。当你引入第三方为你做市场研究的时候，这些知识会让你知道钱花在什么地方，会让你的钱发挥出最大的效益。

市场研究可以从定性以及定量两方面收集数据。它们让你更好地理解消费者、竞争对手以及市场。这些数据有一手数据，也有二手数据。

一手数据：你自己收集的数据，不论这些数据是什么。

二手数据：通过其他渠道已经收集到的数据。比如其他公司的调查问卷，或者其他人制作的数据表格。

定量数据：关于数量的数据。换句话说，这种数据里面有准确数字以及已经被证明的事实。比如：多少人、从哪里来、他们是男人还是女人，等等。

定性数据：关于性质的数据。这里面的准确数字和确定事实少一些，主要是人们的感觉和意见。你的目标市场对这件事怎么看？他们喜欢你的产品吗？他们有什么担心和顾虑吗？

通常，小企业主的定量数据都是二手数据。他们可以收集一手的定性数据和二手的定量数据。他们通过与潜在的以及现有的客户交谈或者通过观察收集到的定性数据极其宝贵。这些信息可以帮助小企业主了解人们对他们的品牌以及产品的感受和看法，让他们知道客户为什么会选择这个品牌。

你采用什么方法进行市场研究，很大程度上取决于你要推出的产品或服务是什么。比如，你的产品或服务是只能在某个地方售卖，还是可以在全球范围内销售？你认为什么样的人会买你的产品？买家可能还会考虑哪些竞争对手或者替代选项？

二手数据同样非常宝贵。它可以帮助你理解行业的趋势或走向，帮助你注意到消费者不断变化的需求以及偏好，产生深刻认识，知道该把自己的精力和资源集中在何处。一些二手数据来自下列这些地方：

- 行业协会以及同业组织——大多数行业协会都会发布行业报告或者年度展望；
- 专门针对某个行业的行业期刊——像英敏特（Mintel）、欧睿公司（Euromonitor），以及主旨（Keynote）、数据监控（Datamonitor）这样的咨询机构会提供行业报告，帮助你了解你所在的市场；
- 政府报告——比如官方的人口普查报告；
- 市场调研——比如舆观调查网（YouGov）；

- 行业分析师——这些行业分析师会在你的行业中监控上市公司的表现；

- 大学中的教员——他们会发表一些研究报告；

- 竞争对手针对潜在客户的宣传材料——这里可能有有用的统计数据以及研究报告；

- 社会舆论——你可能会从中产生有用的见解。

定性研究方法

定性研究方法通常包括访谈、观察、问卷调查或者小组讨论。

访谈法是进行市场研究的好方法。如果你不想用其他方法，那么就去找一些人谈话。这样可以更好地了解买家的偏好。他们为什么要解决这类问题？或者为什么要达到这些目标？

观察法具体而言，就是要留意客户与你的产品互动的方式。比如，如果你的产品是一款软件，你就要观察人们如何使用这款软件，从中获得有用的信息；如果你的目标是改善学生在学校食堂里的饮食习惯，你就可以在午餐时观察食堂里的学生，了解他们的饮食习惯或者选择食物的方式。根据你的产品或服务，观察法可能是、也可能不是一种合适的市场研究手段。

问卷调查法是指向客户提出一系列问题，以便更好地了解他们对产品的感觉，或者他们在使用你的产品或服务时的体验。要想收集到有用的信息，关键是要提出好的问题。在理想情况下，这些问题可以通过打电话、面谈、邀请填写问卷卡与问卷表等方式询问，或使用问卷软件在线询问。调查问卷一般是不准确的，因为这些问题往往不是考虑周全的问题，而且结构混乱。你获得的信息往往有偏差，或者不可靠。因此，除非你在编写调查问卷方面很有经验，如若不然，你可以访问在线问卷服务网站，他们有预先准备好的问卷，用来满足各种类型的常见调查需求。

小组讨论法是将一群具有共同特征的人（通常8～12个人）聚集在一起，更好地了解他们喜欢什么、不喜欢什么。主持人提出各种问题供小组讨论。在推出新产品、新功能或者新的广告活动时，可以用小组讨论的方式获得反馈。

⬁ 市场细分

在你开展业务的不同时期，都可能需要进行不同的市场研究，进行何种研究在很大程度上取决于你所处的商业阶段。当你推出新产品或者开展一项新业务时，你的目标是解决客户迫切需要解决的某个问题。所以，一旦你确定自己的产品或者服务可以解决这个问题，就要把注意力转向可能从你这里买东西的目标客户了。

你可以通过细分消费者做到这一点——把整个市场看成一张大饼，你可以根据客户的需求和行为方式，把这张饼进行切割、细分。一旦你把某个产品或服务的潜在客户划分成更小的群体，你就可以决定哪个或者哪些群体是你的目标客户了。所以你要做的事情就是：

- 做一些初步的市场调查，细分市场；

- 一旦细分了市场，你就可以进一步开展研究（或利用现有的研究），决定你的产品或服务应该针对哪个细分市场；

- 确定了你的细分市场后，你也许可以进行一些更深入的研究，真正了解这个市场，找出客户的需求，并确定你想为他们解决的问题。然后，你可以创建用户画像，并设计一个产品或服务满足他们的需求，解决他们的问题。

这么做的目的是确定并关注那些真正想买你产品的客户；关注那些能够迅速购买你的产品或服务的人。比如，如果你正在销售汽车，你这个行业中的潜在客户是所有21~65岁会开车的人。这是一个庞大的市场，但里面的人千差万别，各式各样。所以，你要细分市场，把庞大的人群分成更小的子群体。然后你可以进一步做市场研究，来决定哪些细分市场是你的目标市场。如果你卖的是高端豪华车，那么并不是每个买车的人都是你的目标客户。因此，一个更明智的方法是把庞大的汽车买家细分成子群体，找到最可能买你的车的买家。

提醒你注意：细分市场和定位目标客户不是一回事，不应该混为一谈。它们是两个独立的工作：细分市场是单纯地分割不同的市场群体，根据他们的不同需求进行分类，是第一步。定位目标客户是第二步的事，是你要选择一个或多个细分市场。我们稍后会讨论这个问题。

寻找相似之处而不是不同之处

过去50年来，人们主要采取4种标准的细分市场的方法：

- 地理细分；
- 人口细分；
- 心理细分；
- 行为细分。

每种细分方法都有自己的优缺点，一些研究者会将几种方法结合在一起使用。然而，不管你使用哪种方法细分市场，你都必须以目标为导向。不管你研究的是某种类型的人，还是某种行为方式、态度或者消费者所处的人生阶段，你都要清楚你的目标是什么，都要克服自己的刻板印象。

在一定的方法以及数据的帮助下，当你做好市场细分工作后，你就会发现有一部分客户非常不同。他们的需求不同，他们对世界以及你的品牌有着与众不同的看法。

过度细分

马克·里特森在发表在《营销周刊》（*Marketing Week*）上的一篇文章中，反对随意细分市场。他举的是朱恩航空公司（Joon Airlines）的例子，他认为，这家公司将千禧世代划分为细分市场的决定是错误的。"千禧世代"是一个流行的目标群体。但他指出，把一代人看成一个细分市场对营销毫无帮助。他们和其他人的区别在商业上并不重要。相反，我们在细分市场时，应该寻找对营销有意义的不同消费行为或者不同的态度。

那么你该如何细分市场呢？首先，你应该关注买家之间的相似之处，而不是不同之处。这些相似之处比不同之处更能帮助你取得销售成功。原因就是：市场研究的目的是知道你的客户想要什么（而不是不想要什么）。你的研究应该揭示出市场上的不同需求，通过观察客户相似的价值观和消费行为，把有相似需求的客户放在一组。当你按照这些相似之处把潜在的客户挑选出来之后，你就更容易针对这些客户的共同需求提出自己的解决方案了。

不过要注意，不要找那些泛泛的相似之处或是无关的相似之处。比如传统的人口特征，诸如年龄和性别，经过多年的尝试和测试后，在今天的市场研究中，它们作为最常见的细分因素，正

117

逐渐变得不受欢迎。这些因素在面向大众市场销售产品的时代可能适用，但在今天，对于大多数的产品或服务来说，按年龄、性别、地理位置或收入水平细分市场可能都是错误的。它们太笼统了，会导致错误的假设——比如所有18~34岁的中高收入男性（英国统计类别：ABC1）都喜欢同样的东西。这是一个很常见的假设——但它是错误的！人们彼此差别很大，每个人都不同；而且尽管他们有很多相似之处，但这些相似之处往往不是由他们的年龄、性别或者所在的地理位置决定的。很多市场细分都是基于这类错误的假设上的——所以要注意避免这种情况，因为它无疑会导致你在市场研究上的失败。

不过，还有个好消息：在这个时代，你可以获得丰富的客户数据。这意味着你比以往任何时候都更有可能开发出一种方法，来反映消费者的行为、态度和所处的生活阶段。许多市场营销人员意识到，更好的研究方法是根据消费行为或者消费目的进行市场细分，而不是根据年龄或性别等无关的特征。然而，在你做研究的时候，找出客户的人口特征数据也是很有用的。这样一旦你根据消费行为确定了细分市场，就可以在这些细分市场中，看看客户的人口特征是不是一样。比如，如果你发现某个细分市场中的大多数人都是25~35岁的全职女性，那么你就可以在你的市场营销组合决策中，加上这一项人口特征数据——那么这个数据就是一个有用的辅助数据，而不是一个会导致错误营销策略的不相干的假设数据。

> **要衡量起作用的因素，而不是衡量容易衡量的因素**
>
> 在《营销周刊》的问卷调查中，91%的市场营销人员认为，行为细分已经被证明是最有效的市场细分方法。73%（接近四分之三）的人认为，在过去的五年中，行为细分已经成为一种更有效的市场细分手段了。

目标客户和用户画像

在完成细分市场工作以后，你需要进一步分析这个市场，找出你的目标客户，优先考虑他们的需求。这里的决定因素可能是预期利润、可行性以及你的公司目标等。

有一点很重要：就算你分割出了一个细分市场，你的目标客户也不一定就在里面。

对人口特征数据的考量，比你的一般理解要微妙得多。拿性别举例，只有在它与你的产品或者服务相关的时候才需要考虑这个特征。如果客户的性别对销售有很大影响，那么就把它考虑进去，否则就不要考虑。同样的道理也适用在他们是单身、已婚、离异或者有没有孩子这些特征上。当说到收入，说到你的客户能赚多少钱的时候，就要和其他因素放在一起考虑。比如他们的生活方式、对物质的欲望，以及有多少收入是可支配的收入。这是一个要把成本和价值放在一起考虑的问题，并不仅仅是人们能否买得起的问题。他们会想方设法来购买你的产品吗？

　　一旦明白了这一点，你就会对目标客户有一个清晰的认识。你可以根据访谈为你的用户画像起个名字，把他描述成一个怀揣着希望和梦想的真实的人。根据这些迫切需要购买你产品或服务的买家，创建一个买家形象的原型，用来代表整个细分市场中的消费者。你能帮助他们取得的最重要的成果是什么？他们购买你的产品后，能获得什么看得见的、看不见的好处？他们是你客户的化身，是你业务的用户画像。买家角色会吸引消费者购买你所有的产品和服务。

　　当你创建用户画像时，你要考虑的是：

- 这些消费者之间有哪些相似之处？
- 他们和其他人之间有哪些不同之处？

　　从以下这两个领域考虑，看看是哪些相似之处把他们和其他人区分开了：

- 他们有同样的需求。
- 他们在做选择时基于同一套标准。

公司规模不同、销售的产品或服务的范围不同，你需要的用户画像的数量也会不同。仔细考虑一下，你是否真的需要为你发现的每一个微小差异，来描绘一个不同的用户画像？用户画像太多会造成困扰，它和过度细分市场会造成的问题一样。理想情况下，你只需要1~2个用户画像就够了。

第一个用户画像是理解后续用户画像的关键。它可以帮助你找到你理想的客户，他们通过什么媒体获得信息，他们经常使用的社交媒体是什么，以及更多的其他信息。这些特定类型的客户的详细信息将帮助你找到合适的途径，通过线上和线下传递给他们合适的信息。你要做好这些工作：使用最好的语言，选择最能打动客户的表述格式、措辞或图像，了解他们的动机，抓住他们日常生活中的痛点，弄清面对你的产品或服务时他们会优先考虑什么、有什么目的、有什么困难。这些方面的工作做得越好，你的销售成绩就会越出色。

>>> 本章要点 <<<

- 你的业务要以客户需求为导向。你要努力了解在你的产品或服务所在的产业或者商业范畴内，客户想要什么。

- 使用定量数据以及定性研究方法（访谈、观察、问卷调查或者小组讨论）来更好地了解消费者、竞争对手和市场。

- 通过初步的市场调查来细分市场，然后做进一步的研究（或利用现有的研究），决定你的产品或服务应该针对哪个细分市场。

- 将具有相似的需求、基于同一套标准进行选择的客户放在一起。

- 根据这些迫切需要购买你的产品或服务的买家，创建一个买

  家原型。

第七章

品牌定位的关键作用

如果说，所谓了解市场，一是了解自己以便制定商业战略，二是了解目标客户以及他们的需求，那么品牌定位工作就是要把这两者结合起来。品牌定位的目的是帮助买家快速了解你的产品，这样当他们要买东西的时候，就能想起你的品牌，知道为什么你的品牌能解决他们的问题。品牌定位就是把自己的业务定位在一个框架内，介绍清楚它的来龙去脉，让客户知道你的品牌在框架中的哪个位置上，以便更好地理解你的价值。知道你的目标客户在买东西的时候会考虑哪些选项，是品牌定位工作的关键。

➢ 差异化和辨识度

《与众不同》（*Differentiate or Die*）[1]以及《定位：有史以

---

[1] Jack Trout and Steve Rivkin, *Differentiate or Die: Survival in Our Era of Killer Competition* (2008).

来对美国营销影响最大的观念》（*Positioning: the Battle for Your Mind*）[①]等书籍告诉了人们如何定位自己的品牌，如何让自己的品牌与众不同。在20世纪60年代，人们也曾经广泛使用"独特卖点"（Unique Selling Proposition）这个概念。直到现在，许多品牌专家仍然认同这些方法，反复强调创造一个独特的品牌价值，让竞争对手无法模仿的重要性。他们强调要围绕一个独有的价值，让自己的品牌与众不同。

拜伦·夏普研究了一系列不同的市场，他得到的数据表明，消费者并不会觉察到品牌之间的不同。在市场中，竞争对手之间的品牌差异看上去并不明显。夏普提出质疑，认为差异化（differentiation）不是品牌建设的黄金标准。他的数据表明，辨识度（distinctiveness）才是品牌成功的真正动力。

这两个概念说的其实是不同的事情。差异化意味着你的产品和竞争对手的不同；而辨识度意味着你的品牌具有独特的外观和感觉，客户一眼就能认出来，不会把你和这个产业中的其他品牌混淆。夏普在他的《非传统营销》一书中阐明了这种观点，由此引发的广泛争论到目前仍无定论。

有些品牌专家不同意夏普的观点，他们认为品牌定位就是要寻找一个独有的特质，能够引发目标客户的联想，让你的品牌在

———————————

[①]   Al Ries and Jack Trout (2000).

他们心中扎下根。从这个角度看，成功的品牌意味着你拥有其他品牌没有的东西，你拥有的特质能引发客户联想而其他品牌办不到。它们之所以成功，是因为它们能够在市场中提供独一无二的产品。这些品牌专家信奉品牌目标，相信他们的品牌是来拯救社区、维护和平、创造和谐的，等等。

我知道品牌行业当前正对这些问题争论不休，所以当我选择专业人士帮助我建设品牌，或者在我的播客上采访他们时，我也会询问他们在这些问题上的立场。

根据夏普的说法，品牌的辨识度是通过让品牌资产与众不同来实现的，它让人们可以在各种情景中认出你来。这些独有的品牌资产可能是品牌的名称、徽标、颜色、字体、口号以及图像，是那些看上去和竞争对手不同的东西。夏普认为："具有高辨识度的品牌会延续下去，而追求差异化的品牌则不会。"他建议，与其追求有意义的、产品上的差异化，营销人员不如去追求无意义的辨识度。在几个产业圈中的市场调查证实了他的观点。我们的买家似乎和竞争对手的买家没什么不同。所以，是否值得下功夫让我们的产品和竞争对手的产品不同呢？

作为一名律师，我很奇怪夏普要苦口婆心地强调辨识度的重要性。品牌建设的本质难道不就是可辨识吗？如若不然，你又如何能脱颖而出呢？然而在传统上，品牌建设工作似乎强调更多的是品牌传达的意义，而忽视了辨识度。

　　夏普强调辨识度的重要性，其实是再次强调了我们前面讲过的知识产权。也就是说，你必须在品牌名称等品牌资产上和别人不同，避免潜在的商标冲突。从前面的章节中，我们已经知道，企业应该考虑竞争对手的知识产权，这样他们就可以选择和竞争对手不同的品牌资产了。还记得我为什么选择了公羊图案而不是六分仪图案吗？还记得我在"品牌力量优化框架"的徽标中，那只"看似没有意义的猫头鹰"吗？还记得我在第四章说过，选择一个通用名词作为品牌名称并不可取吗？这里的重点是，你必须选择独有的品牌资产，要与竞争对手的不一样。越不一样，特别是名字，你在知识产权方面和他们就区分得越明显（希望你还记得在进行视觉设计前，要考虑知识产权方面的保护）。

　　尽管说了这么多，但我同时认为，在你推出一个新品牌的时候，夏普的发现不应该成为你忽视品牌的差异性和品牌定位的理由。不能因为关注辨识度，就放弃了差异化。你照样可以推出和竞争对手不同的产品，但要对这种产品差异能持续多长时间抱一种现实的态度。正如马克·里特森所说，辨识度并不需要以差异化为代价。他指出，坚守你的品牌定位，就是要告诉大家，你要在这个市场上提供你独有的产品；同时，用一组容易辨识的品牌元素让大家认出你来，这两者都是品牌成功的必要的组成部分。为了同时满足差异化和辨识度，你需要对差异化抱一种现实主义态度。里特森同意夏普的观点，即品牌建设的重点必须放在辨识度上；但即使在最需要感情投入、对品牌最忠诚的行业中，他也看到了差异化的作用。

特别是当你创立了一个新品牌，试图让你的想法获得关注，试图推出新的产品或服务获得消费者的认可时，你尤其应该注意差异化。但是，一旦你的品牌成功获得了认可，并达到了夏普研究的那些品牌的高度，那些让你体现差异化的特质将不再有什么明显的作用。因为到了那个时候，竞争对手很可能已经模仿了你的产品，你与竞争对手之间的差异可能就没那么明显了。在这个层面上，真正重要的是你的品牌元素应该与众不同，让人一眼就能认出你来。这意味着你应该仔细挑选你的品牌资产，并保护好它们；意味着你应该执行你的权利，防止任何竞争对手的抄袭。在此之前，面向你选定的细分市场，定位你的品牌，使自己区别于你的竞争对手，这些是让目标客户记住你的品牌的关键。

一旦你选择了自己的定位和差异化战略，接下去就是创造一个好的业务和品牌了。在进行图像标识设计时，不要为了表达你的差异性而牺牲可辨识度。你对图案和字体的选择应该以辨识度为最高目标，体现出与竞争对手不一样，而不是强调它们的意义，强调它们能否反映产品的差异性。因为随着时间的推移，竞争对手会模仿你的产品，你们之间的差异会越来越小。反之，如果你把辨识度作为选择品牌名称和品牌资产的首要考虑因素，并保护这些元素，遇到别人抄袭时积极执行自己的权利，那你品牌的辨识度将会延续下去。如果你的产品或服务与你的品牌绑定在一起，那么这些品牌元素就会为你提供类似专利一样的保护。说到这里，不妨想一想你脑子里跳出来的知名品牌，你就会明白自己的品牌建设要达到什么效果了。

🐬 品牌定位工作涉及的要点

为品牌做定位需要有雄心壮志，这样品牌才有成长和上升的空间；同时，你也要脚踏实地，知道自己的品牌是干什么的。在竞争对手林立的环境下，该如何定位，如何提供和他们不同的产品，这反映了你的价值观，反映了企业作为一个品牌的承诺。你想让人们选择你的主要原因是什么？你想成为哪一群客户的不二之选？你的产品或服务有哪些典型的应用实例？

品牌定位的目的是让客户更容易做出选择。不管你推出产品的方式是独特还是隆重，它都能帮助客户以一种便捷的方式找到你的企业。比如，当人们面对很多汽车品牌时，沃尔沃（Volvo）抓住了"安全"这个概念，并将自己定位为"安全"的选择。他们在电视广告上，反复以碰撞试验为主题来强调这一点。这个定位对某些客户非常有吸引力，但也会失去另外一些客户。比如，想买高速跑车的客户会认为沃尔沃不是一个好的选项。但以安全为核心诉求的客户，他们知道沃尔沃汽车代表安全，就有了一个方向，知道要考虑这个品牌。其实所有汽车的安全性都差不多，但这无关紧要。沃尔沃的品牌策略就是抓住这一点，不及其余，重点宣传，扬长避短，从而吸引了一部分客户。但正如市场营销教授以及马克·里特森在"品牌力量优化框架"的播客中对我说的那样，试图垄断某种特殊属性是不可能的：

涉及品牌特色、独特卖点这类概念时，你要知道，你不可能垄断某个特殊属性；我研究过上千个品牌——真的是上千个——还从没见过一个品牌垄断过某个特性。甚至沃尔沃也从未垄断过安全这个特性。尽管在客户的认知中，它的安全性非常好，但也有其他汽车品牌，客户认为它们的安全性也很好。你能做的就是找到三个特性或者引起人们联想的属性，在这三个特性中获得优势，让客户记住你的品牌。为了做到这一点，你只能把精力放在少数几个特性上，而且必须长时间坚持。这些特性必须符合你的品牌、你的客户期望，以及你的竞争对手的情况。

因此，我们需要弄清楚，如果没有我们的产品，买家会选择什么。他们可能考虑的替代方案是什么？如果他们的需求得不到满足，会发生什么？客户购买你的产品是不是因为你的产品有某种特性对他们很重要，而且你也正好把这个特性作为品牌承诺的一部分？你能提供其他方案提供不了的特性和功能吗？这些特性应该能为客户带来价值。我们需要成为专家，了解市场上提供的各种解决方案，了解它们的优缺点。

你的客户通常不像你那样，了解所有可能的替代方案。所以你要清楚，当你的客户把你的方案和竞争对手的方案做比较时，他们认为的"更好"的标准是什么。

马克·里特森强调了坚守品牌定位的重要性。一定要明确你的产品或服务有什么独特之处，并让公司内部的员工和外面的消费者都知道这一点。在他看来，如果你在这方面取得了成功，那么你的品牌会达到这样一种高度："客户会因为关注这个特质而找上我们，因为他们知道我们就是干这个的。"

品牌定位工作既包括认清你要做什么，也包括明确你不要做什么。要想清楚，你要服务的目标客户是谁，你能为他们做到什么、不做什么。

但仅仅关注竞争对手是不够的。你还要关注目标市场，特别是关注那些真正关心你的产品的目标客户，他们应该是你的重点。这样你就可以看出潜在客户对你的产品的兴趣是不是越来越大，从而让你的产品更有针对性。

🐦 品牌定位和差异化

品牌定位可以帮助消费者理解你的业务以及承诺；而品牌的

差异化，就像本章前面讲的那样，关注的是你和竞争对手之间的不同。品牌定位的重点是描述你的产品，解释你在市场中的位置，阐述你认为什么是重要的；而差异化强调的是你的产品与众不同的地方。但是，仅仅和别人不同是不够的——这种不同必须对消费者有意义。

当你思考为什么消费者会选择你的时候，要注意，价格提供的竞争优势很少能持续。总会有人比你卖得更便宜。如果你的策略就是价格最低，那么你会很快走向消亡。不妨问问自己：你还有什么与众不同的地方？如果竞争对手很容易就能提供相同的产品，那么增加新产品可能就不划算了。

特别是，当你的行业门槛很低，比如说你是一家营销机构，你应该如何做才能避免和其他同行一样？在品牌建设时你要怎么做，才能确保买家选择你？你需要采取什么措施才能确保买家可以把你和竞争对手区分开来？简单地说自己比别人强，常常是主观的，而且空口无凭，很难持续下去。你最好是找一些其他东西体现你的差异性。你有一些不同的做法能吸引某些客户吗？你接受过的知识产权法方面的培训，能让你和别人不同吗？你有没有以某种特别的方式和律师合作，能帮助客户的品牌脱颖而出？你是不是专攻市场营销的某一方面，或者专注于某个特定的行业？你能不能对客户的回应很及时，能保证在多长时间内回电话？你的世界观或做生意的方式有没有可以体现差异化的地方？

一种体现差异化的方法是将你的重点集中在一个商业领域内（至少在开始时这么做），或者只针对某一类型的客户，找出自己和竞争对手的不同之处。虽然对企业和消费者来说，志存高远是件好事，但也必须把好钢用在刀刃上。以亚马逊公司为例，尽管它的长期愿景是成为一个"包罗万象的商店"，但在刚起步时也只做图书业务。亚马逊先专注于图书市场，在图书销售领域站稳了脚跟，这样一来，它在转向销售其他商品前已经获得了知名度。如果它从一开始就卖所有东西，那可能在所有领域都会一起失败——它在市场上也不会体现出差异化。从一个领域慢慢做起，再过渡到其他领域，这是一个非常好的策略。

另一个建立差异化的方法是创新。如果说你能够在一个市场或一个产业中推陈出新，那你的这些产品要么可以受到知识产权的保护，要么它本身就是创新的产品。当戴森公司（Dyson）推出无袋型真空吸尘器时，它依靠专利技术在行业内变得独一无二。但过了一段时间，竞争对手要么也获得了专利许可，要么自己发明了其他版本的无袋型真空吸尘器。于是，戴森不再是市场上唯一能提供无袋型真空吸尘器的厂家了。由于竞争对手跟了上来，公司最初的差异化战略不再有效，但这并不重要，公司已经取得了成功，并在它的品牌定位上强调了它在工程设计上的实力。戴森把自己描绘成一家科技公司。它的网站上这样说："和所有人一样，我们对不能正常工作的产品感到沮丧。作为设计工程师，我们要为此做点什么才行。我们一直在追求创新和改进。"

当你引入一个新的解决方案时，你可能会满足市场的需求，甚至创造出一个新的子产业。这给了你一个机会，成为这个子产业中的领军品牌。如果能做到这一点，说明你重新定义产业的思路是一个明智的定位策略。下面我们会谈到这一点。这对小企业有些困难，对大企业来说更有可能实现。这是因为，在推广品牌时，你需要单独面向这个子产业推广。

无论你采用哪种手段，都要注意，要防止竞争对手抄袭。你很难长期独占一个有利可图的市场或者概念。竞争对手会试图分走你的一部分市场份额。你应该知道，一旦你成功推出了自己的创意，你最初的优势就会逐渐丧失。在大多数市场中，你都会发现，相互抄袭会导致市场内的品牌都差不多。如果你的品牌名称和视觉形象没什么特殊之处，你向客户描述的内容和竞争对手的完全相同，那么你听起来就和其他人一样，你向市场传递的信息也和其他人一样。所以要确保你的品牌具有很高的辨识度。只有这样，当发生上面这些情况时，你的品牌名称和视觉形象才能让人记住。这是我们从夏普的循证研究中得到的信息：产品的差异化不会持久，只有品牌的辨识度才能持久。

⤳ 产业定位

为了在竞争中获得优势，你可能需要挑战现状，走别人没走过的路，尝试新的角度，或者以不同的方式描述你的市场。也许你定位自己品牌的办法是创造一个新的子产业。2020年，戴维·艾克（David Aaker）在他的《开创子产业，改变游戏规则：数字时代保持飞速增长》（*Owning Game-Changing Subcategories – Uncommon Growth in the Digital Age*）一书中很好地解释了这一点。艾克没有区分产业和子产业。因为不管从哪个实用的角度看，二者其实都一样。这也是我定位自己的品牌时采用的方法。艾克坚持认为，除了少数例外，如今业务增长的唯一途径就是开创并占据改变游戏规则的子产业。他在书中谈到许多公司，销售额或者企业估值飙升，背后的原因都是这个。这种非同寻常的增长涉及：

- 寻找新的"刚需"。它要么提供全新或非凡的购买体验，要么有难忘的用户体验，要么和你的品牌有重要关联。
- 成为这个子产业中的代表性品牌，并推动它获得知名度、地位和成功。
- 建立一个忠诚于这个子产业及其代表品牌的核心客户群。通过品牌承诺和影响力获得成长的动力。
- 为竞争对手设置障碍，减少它们成为替代选项的可能。这些障碍可能包括忠诚的客户群、"刚需"的品牌关联度、属于你这个品牌的创新，以及超越产品功能性利益的客户关系基础。

考虑一下你的品牌定位，是让你的品牌重新定位在其他产业品类会让你的优势更大，还是继续在现有产业品类中发展更有机会？在《独占鳌头：反叛者和创新者如何开创并主宰新产业》（*Play Bigger*：*How Rebels and Innovators Create New Categories and Dominate Markets*）[①]一书中，作者解释道，新产业解决的是人们以前不知道的问题，或者是一个看似明显但没人觉得能解决的问题。爱彼迎就创造了一个新产业。他们没有把自己定位在酒店业，而是把自己干的事情定义为一个新产业："民宿服务产业"。

阿普里尔·邓福德（April Dunford）在《简直太棒了：如何定位你的产品，让消费者了解它、购买它、爱上它》（*Obviously Awesome: How to Nail Product Positioning so Customers Get It, Buy It, Love It*，2019年）一书中指出，如果你总以一种方式看待你的产品——在某个特定的市场上竞争，或者可以解决某个特定的问题——那你就很难从其他角度看待它。然而，现实情况是，对不同类型的买家，同一个产品可能意味着不同的事情。很多产品都是这样。作者以铁锤牌（Arm & Hammer）小苏打粉为例，这款产

---

① Al Ramadan, Dave Peterson, Christopher Lochhead, Kevin Maney (2016).

品最初的用途是烘焙。但是随着包装食品兴起，烘焙市场开始衰退，有些人就想到，小苏打还有另一个功能：它能吸收冰箱内的异味。有的消费者们重新定位了这款产品，把铁锤牌小苏打的盒子打开，放在冰箱里来消除异味。因此，这家公司开始宣传这款产品是冰箱除臭剂。重新定位这款产品后，他们的销售额从1969年的1600万美元上升到1987年的3.18亿美元。

无论你的业务是基于已有的商业理念还是一个新创意，在市场的竞争中定位你的品牌、做出明确的品牌承诺，都是你获得客户认可的方式的一部分。你要让他们觉得你是独一无二的。对于新品牌，尤其应该注意差异化和品牌定位的问题。当你首次推出某个新概念的时候，它会在市场上为你带来首发者的优势和流量，你要利用这种最初的差异性，迅速在市场上站稳脚跟。你的短期目标应该是成为一些买家的首选，并让人们认识你；长期目标应该是让你的品牌名称和可辨识的品牌资产被买家记住。根据罗曼纽克在《打造独特的品牌资产》一书中提到的，这些品牌资产应该成为永久的固定资产。所以你在选择它们的时候应该谨慎，避免商标冲突，并强调你的知识产权。这就是你增加品牌辨识度的方法。

>>> **本章要点** <<<

• 把你的业务定位在一个框架当中，为你的产品或服务提供参照系。

- 品牌定位可以帮助买家快速了解你的产品：在他们寻找解决方案的时候，他们会发现为什么你的品牌适合他们。

- 使用容易辨识的品牌资产来凸显你的品牌，使人们在不同的购买环境下都可以认出你来（并避免潜在的商标冲突）。

- 通过品牌承诺将你的产品与竞争对手的产品区分开来，体现品牌的差异化。

- 考虑一下你的品牌定位，是让你的品牌重新定位在其他产业品类会让你的优势更大，还是继续在现有产业品类中发展更有机会。

第四部分
"N"——为品牌正确命名

在"品牌力量优化框架"中，"N"指"为品牌正确命名（name）"。现在我们进入第四部分——品牌命名。对于你的品牌而言，这是一个最重要的选择。在起名字的时候，最需要考虑的因素就是辨识度。

第八章

品牌命名的层次结构

在为自己的品牌起名字之前，你很有必要先了解一下品牌的命名结构。命名是品牌长远战略的一个重要元素，在为品牌制定长远战略时，你可能需要考虑它和企业的品牌或者和主品牌之间的关系，需要考虑它和其他产品或服务品牌的关系——换句话说，你的品牌不太可能和其他一切完全无关，你很可能需要考虑相关的品牌。即使你和其他品牌都没有关系，或者你开展的是一项新业务，本章的内容也适合你。因为你在为自己的品牌或者公司起了名字之后，可能还要为不同的产品或服务起名字——即使不是现在，未来也可能会做这件事。

⮑ 一个战略性决定

当你的企业牌匾上还没有刻字，你还处在为业务或产品命名的早期阶段时，理解品牌命名的含义可以让你具备战略性眼光，从而避免不必要的麻烦。

一旦你有了一个新产品或者新服务的创意，要为它起个名字，你就要有长远打算。这个名字会成为你的公司或者产品的名字吗？你推出新产品或者服务时，会用不同的名字吗？你希望只用一个单一品牌名吗？什么时候应该使用完全不同的名字和品牌？

经常会出现这种情况：一家公司起了一个公司名或者商标名，推出产品或者服务时又起了一个新名字，全然没有意识到他们这样做意味着什么：一旦一家公司为产品选择了和公司名称不同的名字，它的品牌架构马上就变了。品牌命名的层次结构会全面影响你的预算和财务资源。所以，你不能只看眼前，而是要有一个通盘的长远考虑。

📄 品牌命名的层次结构

大卫·艾克教授和埃里希·约阿希姆斯塔勒（Erich Joachimsthaler）在一篇题为《品牌关系谱系》（*The brand relationship spectrum*）[①]的文章中介绍了一种方法，可以帮助我们理解复杂的品牌架构。他们指出了四种主要的品牌架构：

———————————

[①] 《加州管理评论》（*California Management Review*，2000 年）。

- 单一品牌；

- 多品牌组合；

- 复合品牌；

- 背书品牌。①

在品牌架构上，最大的区别是单一品牌和多品牌组合的区别。

多品牌组合

多品牌组合是指一个企业生产多种产品，并为每个产品起一个单独的名字。举例来说，宝洁公司（Procter & Gamble）旗下包括了很多家喻户晓的品牌，比如汰渍（Tide）、金霸王电池②（Duracell）、帮宝适（Pampers）、海飞丝（Head & Shoulders）、玉兰油（Olay）等。这些品牌都是独立于宝洁公司的，各自开展市场营销和品牌建设活动。在传统上，这种方法很适合宝洁和联合利华（Unilever）这样的消费品公司。不过近年来，甚至这些公司也采用了一些稍微不同的做法，这一点我们将在本章的后面讨论。玛氏食品公司（Mars）是另一个多品牌组合的例子。公司的创始人富兰克林·玛氏（Franklin Mars）将他独创的巧克力产品命名为"玛氏"。随着公司的发展，他们推出了新的糖果产品，并且为这些产品起了新名字，比如特趣、

---

① 也有的译作"担保品牌"。——译者注

② 金霸王电池于 2014 年被巴菲特收购。——编者注

士力架（Snickers）、彩虹糖（Skittles）、星河巧克力（Milky Way）、M&M巧克力豆（M&Ms）、欧宝迪口香糖（Orbit）等。

当一家公司的产品针对的是同一类产品中的不同客户时，多品牌组合就很有用，比如针对三个不同客户群体的三个洗发水品牌。使用多品牌组合策略，可以更容易地定位每个产品，针对不同的客户。拿三个洗发水品牌组合为例，一个可能是便宜的洗发水，另一个可能是解决头皮屑问题的洗发水，第三个可能是高级发廊用的洗发水。如果一个企业想用同一类的不同产品，既占领奢侈品市场又占领大众市场，就需要使用不同的品牌。这样可以保持奢侈品的品牌形象，同时也不会损害大众传播度。比如，万豪集团（Marriott）的高端酒店与商务型酒店的品牌是不同的。高端酒店叫丽思卡尔顿（Ritz-Carlton），商务型酒店叫万怡（Courtyard）。

这种品牌架构需要高昂的市场营销预算，因为每个品牌都要单独推广。如果你没有足够的资金一个一个地推广这些品牌，你的努力就会白费。在这种情况下，你最好采用单一品牌策略。

单一品牌

单一品牌是指公司把精力集中在一个主要品牌上，所有产品都用这个品牌。比如，维珍集团（Virgin）在不同的业务中都采用同一个品牌，只是后缀不同，比如维珍酒店、维珍传媒、维珍唱片等。他们把注意力集中在一个单一的、知名的品牌上。该采用哪种方式，取决于你的业务类型，也取决于你的产品和服务的性质。对于大多数规模较小的企业或者刚开展业务的企业，我建议你采用单一品牌策略，因为推广多个品牌需要额外的资源。单一品牌在营销预算上更便宜。你只需要做大一个品牌，然后把所有的品牌意义都注入其中。你可以像维珍集团那样用后缀名来区分新的产品或服务，而不是为它们单独起名字。让我们假设玛氏食品公司采用的是单一品牌策略而不是他们现在采用的多品牌组合策略。那么在这个平行宇宙中，我们会看到玛氏豆豆果、玛氏可可果、玛氏糖果果等。单一品牌策略可以集中你的资源，任何新产品都能立即从这个品牌的声望中获益。它还简化了你在商标审核注册方面的工作。一旦你在国际上推广你的品牌，这个费用差别会相当大。

使用单一品牌策略的危险在于，如果某个产品搞砸了，会影响整个品牌的声誉。如果我们虚构的玛氏豆豆果会让人在脸上长痘痘，那么玛氏可可果以及玛氏糖果果的名声也会受到影响。而在现实中，玛氏巧克力棒和士力架的名声看起来差得很远——尽管它们不会从对方的知名度中获益，但同样不会受损。

哪种策略适合我？

对于大多数小型企业来说，我建议采用单一品牌作为缺省策略。尽管品牌、名称、产品之间风险共担，但这种方法总体上更容易管理。你在进行市场营销时，只需要推广一个品牌，注册一个网站域名，这也简化了搜索引擎优化方面的工作——只有一个域名时，这方面的花费要少得多。在你后续推出更多的产品时，你可以决定是不是还需要一个新品牌，并想清楚这样做的原因。但要记住：只有当你的财力和人力足够推广一个新品牌时，才可以这样做。

尽管你可以在以后改变品牌架构思路，但如果你选择了单一品牌策略，就要保证起的名字必须合适，可以方便地添加后缀。并不是所有名字都适合这样做。也有些公司一开始采用了一种品牌架构思路，后来情况发生变化，又做出了调整。比如，谷歌公司一开始用不同的品牌命名不同的业务，但后来改变了做法，避免品牌名变成通用词，导致失去商标权[①]。我们在下一章会讨论这个问题。

---

① 谷歌这个词已经快成为"通用的动词"了。譬如"你可以上网'谷歌'一下"。——译者注

复合品牌和背书品牌

复合品牌和背书品牌是相似的概念，但有一个关键区别：在复合品牌架构中，企业集团的品牌名称会被包括在内；而背书品牌则使用完全不同的品牌名称和品牌形象，只是加上企业集团的品牌作为背书。复合品牌经常使用一个不同的名字，但和主品牌有关，以此获得知名度。比较知名的复合品牌有三星盖乐世（Samsung Galaxy），麦当劳巨无霸（McDonald's Big Mac），微软X游戏盒（Xbox），苹果手机（Apple iPhone），亚马逊亚历克莎（Alexa）智能音箱，希尔顿逸林酒店（DoubleTree by Hilton）等。虽然在某些情况下，主品牌和子品牌可以共同推动品牌发展［比如索尼游戏主机（Sony PlayStation）］，但子品牌永远不会超过主品牌。

使用复合品牌是为了给产品一个独特的形象。比如，麦当劳可以把它的旗舰产品叫作"麦当劳双层夹心汉堡"。但把它称为"巨无霸"，就赋予了这个产品一种独特的个性以及一个简短的称呼，而且把它和竞争对手可能提供的双层夹心汉堡区分开来。这个名字让麦当劳的双层汉堡变得与众不同，与竞争对手的汉堡区分开来。使用子品牌，也可以开辟出一条进入新市场的道路。索尼利用游戏主机子品牌进入游戏市场：子品牌可能会有自己的品牌个性，比企业品牌更容易融入目标市场。

背书品牌和多品牌组合这种品牌架构更接近。它生产的产品或提供的服务具有完全独立的品牌——有自己的名字、徽标、品牌承诺、品牌个性和品牌形象。然而，它们得到了主品牌的支持。人们用背书品牌来推广产品或者服务，用主品牌做背书，保证它的质量。借买家对主品牌的信心，来增加买家对背书品牌的信心，同时也增加背书品牌的知名度。

在品牌建设方面，让产品和品牌之间形成特定的意义关联很重要，这样才容易让其在市场上站稳脚跟。谷歌这个品牌名让人们想到搜索引擎。所以，如果谷歌推出网络社交平台的话，使用一个不同的名字做品牌名，而不是用"谷歌+"这种子品牌，可能会取得更好的效果。因为当人们听到"谷歌"这个名字时，很难把它和"社交"联系起来。

背书品牌的命名结构是把背书品牌的名字放在首位，后面放主品牌名。也就是说，背书品牌的徽标和品牌形象要比主品牌的徽标和品牌形象更醒目。

我为"品牌力量优化框架"选择了一个独立的品牌名，一方面是想让它和法律服务拉开一段距离，另一方面也是希望把它从主品牌的业务中剥离出来，成为一个独立的业务和品牌。同时，作为一个背书品牌，它受益于主品牌的知名度。在我在"品牌力量优化框架"播客中使用的品牌形象中，"品牌力量优化框架"有自己的品牌元素，同时使用了主品牌的徽标作为背书。

🐬 品牌命名结构的发展趋势

在2015年《营销周刊》的一篇文章中，马克·里特森指出，单一品牌战略正在成为品牌命名结构的发展趋势。比如，可口可乐公司宣布了它新的"单一品牌"战略。他们决定把可口可乐旗下的四个不同品牌合并起来，采用同一个品牌为目标客户提供多种产品。多年来，可口可乐公司用不同的品牌命名不同的饮料——可口可乐（Coca-Cola）、健怡可乐（Diet Coke）、零度可乐（Coca-Cola Zero）、可口生活（Coca-Cola Life）——每个品牌都有自己的市场营销活动、品牌理念、口号和调性。可口可乐公司的这个决定，赋予了这些产品相同的价值观和视觉形象，创造出更连贯、更一致的品牌形象，这么做既节省了资源，也提高了市场影响力。

这些文章[①]讨论了可口可乐公司如今的市场营销战略的转变之路，讨论了该公司是如何把不同品牌的饮料变成同一个品牌下的不同口味的饮料的。

同样，宝洁公司和联合利华公司在推广他们的消费品牌时，很明显也开始引入他们的企业品牌。传统上，像宝洁和联合利华

---

① "With shared purpose, EY and Simon Sinek unite to redefine how business operates in the 21st century"; "Why business must harness the power of purpose".

这样的企业集团，它们的企业品牌和下级品牌之间存在明显的分离，很多普通消费者根本不知道这些品牌属于它们。当这些公司转向更传统的、以企业品牌为核心的策略后，这种情况开始改变。他们正在采用背书品牌的策略，把企业的名字加到这些产品上，通过企业品牌引起消费者的注意，在目标客户中引起共鸣。

如果连可口可乐这样的公司都意识到，专注打造一个强大的品牌效率会更高，那么对于市场预算很少的小公司来讲，在推出新的产品或服务时，使用新的、独立的品牌将是一个代价高昂的错误！正如我们在本章中看到的那样，只有像联合利华、宝洁或者雀巢这样拥有庞大财务预算的公司，才能有效地建立起多品牌组合品牌结构。

同样，背书品牌恐怕也不适合小企业，因为每个新的背书品牌都需要独立的品牌建设和推广工作，以及商标的审核注册工作。要想获取足够的品牌知名度，就需要花费大量的时间和金钱。如果你的品牌组合中有10个品牌，为了让每个品牌都获得足够的曝光度，你的市场营销预算就需要是单一品牌营销预算的10倍。记住，你需要为每个品牌投入搜索引擎优化和社交媒体营销的费用，以及广告活动的费用。

🐬 什么时候需要一个新的品牌

如果你要面对新的目标客户，比如你推出了一个新产品，定义了一个子产业，或者开拓了一个新领域的业务，那么背书品牌就是一个好的选择。采用这种方法，你不仅可以用一个新名字开展新业务，同时还可以从主品牌借力，让大家认识你的新产品。正如我们在前面看到的那样，背书品牌虽然也需要大量的市场营销费用，但因为有主品牌的支持，所以比起在多品牌组合中打造完全独立的新品牌来讲，这样的方法在品牌建设上还是要更快，也更便宜。

但也要记住我们之前提到的信誉风险。还记得前面那个虚构的例子吗——让你脸上起痘痘的玛氏豆豆果？当你在不同产品间存在信誉关联，而且你不想让一个品牌影响另一个品牌时，那么背书品牌就是一个合适的选择。如果虚构的玛氏豆豆果只是玛氏食品公司的一个背书品牌，那么它就不太可能影响玛氏公司的其他品牌。

🐬 在起名字之前，评估一下你的情况

根据我的经验，企业在为自己的品牌起名字的时候，往往没

有充分考虑过上面这些东西。他们就顾着起各种名字了。你需要了解不同的品牌架构，以及与之相关的策略、风险和机会。如果在你推出不同的产品时，仍然想起新名字，你至少要清楚自己在干什么。也许像维珍公司那样，建立一个可辨识的单一品牌是个好主意，这样可以更好地利用你的资源。当你选择企业的品牌名称时，考虑一下这种策略是不是适合你。同时也要记住，当你发现最初的策略错误时，你总是可以改变策略的。

>>> 本章要点 <<<

- 你选择的品牌命名的层次结构会全面影响你的预算。

- 有四种主要的品牌架构：单一品牌；多品牌组合；复合品牌；背书品牌。

- 单一品牌策略（所有后续产品都采用同一品牌名）更简单、更便宜，应该成为缺省选项。

- 共享品牌名可以让所有产品都得益于消费者对这个品牌的信任，但也要共担信誉风险。

- 如果你要面对新的目标客户（比如推出新的产品，建立子产业或者开拓全新的业务领域时），比起建立一个全新的独立品牌，采用背书品牌策略更便宜、更快捷。

第九章

品牌命名策略

人们在启动项目时，通常需要给项目起一个名字。这就意味着，这个名字可能是在匆忙中选定的。比如我自己，开始给品牌命名时就没怎么经过思考。然而，我们从上一章关于品牌命名的层次结构中已经看到，品牌名称产生的影响可能会比你预期的更深远，因此不要急于做决定。如果你的商业模式要求你有一个新品牌，那么你可以在概念证明阶段用一个临时的名字，不要着急确定最后的名字。如果不能使用临时的名字，你不妨考虑考虑，要么放慢脚步，给自己时间和空间来选择一个好名字；要么接受现实，准备好在开展业务后重新命名。为品牌重新命名并不是世界末日。在企业初创阶段，这也不是什么需要不惜一切代价避免的事情：许多知名品牌在成立初期都改过名字。谷歌在1997年之前一直叫"返回触摸法"（Backrub），而亚马逊在改成现在这个名字之前，有好几个月的时间都叫"凯达保蓝"（Cadabra）。

人们有很多困惑，不知道什么样的名字才是一个好名字，不知道选什么样的名字最能提升企业形象。大家的看法不一，有的人认为只要你喜欢，起什么名字都可以；还有的人认为，需要创意人士帮忙才能起一个好名字。但实际上，你应该考虑请一个有经验的商标律师，在他的指导下自己起名字。我有时就会指导客户选择他们的品牌名称。他们可能会请自己的律师进行法律方面的信息搜索和注册，我只提供宏观的指导，方便他们做出决定。但如果你真的想自己承担这份工作，那你就需要了解，什么样的名字辨识度高，什么样的名字可以合法注册。一个对品牌名称常见的误解是：品牌名称要么能传达你的差异化战略，要么很有意义。

在我们进一步讨论品牌名称之前，我想请你注意，你使用这个名称的权利是商标赋予的，而不是网站域名或者公司注册登记赋予的。品牌命名是一件复杂的工作，具有挑战性，因为你要避免与类似的品牌起冲突。如果你在为品牌命名时把知识产权作为主要考虑因素的话，那品牌名称可能会是你创造出的最有价值的知识产权。所以，我建议你认真思考，并在你的团队里安排一个好的商标律师。商标律师一直与品牌名打交道，他们会研究这些名字、注册这些名字，反复商议把它们用作商标名还是域名等。这些经验让他们对品牌名称有独到的见解，很适合帮助你为起名字做决策。尽早让他们参与进来是明智之举。但在现实中，人们只让他们干一些事务性工作，去搜索和注册一个已经选定的名字：这是不对的。

现在，让我们看看你可能使用什么样的名字，这样你就可以确定自己的命名策略了。

🔖 为品牌命名的目的

客户第一次认识你的公司，就是通过品牌名称。这是你为你的品牌所做的最重要的决定。品牌名称是买家记住你品牌的主要方式，它代表了所有可辨识的品牌资产。

福雷斯特研究公司（Forrester Research）的数据显示，在人们所有的购买决定中，有50%是由情感驱动的。我们不仅会买那些让自己感觉好的东西，而且也会买那些品牌名字好听的东西。2013年，菲尔·巴登在他的著作《解码：顾客购买原因背后的科学》中强调了语言的重要性，以及它对人们感知产品价值及性能的影响。他说：

在一项关于肉类包装上的文字说明的测试中，"75%的瘦肉"传达出的信息明显比"25%的肥肉"更积极、更有价值。有趣的是，当顾客吃这些肉时，这种较高的价值认可仍然存在。这意味着文字描述不仅影响了购买决定，还影响了对产品的主观体验。

正如他所说，我们不会明确地表达"我更喜欢用漂亮的形容词描述的食物"，但事实证明，对菜肴的描述真的会影响它的味道。那么，可想而知，你的品牌名称也会引发同样的反应。

🐬 品牌命名策略中要考虑的因素

我们来看看在一个有效的品牌命名策略中，都有哪些因素要考虑。

了解你所在的产业

在为品牌命名的时候，首先要考虑你所在的产业。看看竞争对手是如何给他们的品牌起名字的，然后选择一个既能从其他品牌中脱颖而出又适合这个产业的名字。

为品牌命名是为了将你的产品或服务与他人区分开。它是你的"原产地证书"，标志你销售的产品或服务。正如我们前面看到的那样，品牌名称必须是独一无二的；不能因为名字问题，让买家对你的产品或服务来源产生疑惑。品牌名称不仅对你有好处，对消费者也有好处。消费者在市场上选择产品和服务时，可以据此做出购买决定。如果你记住这一点，你就不太可能相信可以用与市面上已有品牌类似的名称，仅仅简单加减几个字，或者进行微小的调整后，就能作为你现在的品牌名称。在任何情况下，在已有的品牌名称上画蛇添足都是不合适的。苹果公司本来就不应该把"电脑"两个字加到自己的名字里。所以他们过了几年后，就把名字改了回去，把"电脑"两个字去掉了。

了解你的市场

你的商业计划和业务覆盖范围会影响你的品牌名称。对你来讲，哪个国家最重要？在可预见的未来，你将销售什么产品和服务？如果你打算在几个不同的市场中开展业务，并打算销售不同类别的产品和服务，你就需要一个易于扩展、辨识度高的名字——比如尊巴（Zumba）[①]。如果这家公司使用的名字没有这么特别，那么它在全球推广的时候，无疑会在商标注册上花大价钱。商标注册的结果就是，任何人想用这个品牌做事，比如开一个尊巴舞蹈课，或者用这个名字销售产品和服务，都需要从商标所有者那里获得许可。

如果这个名字没有那么特别，或者一些市场上已经有类似的名字了，那么尊巴公司甚至可能不得不使用其他的名字开展业务。比如，在澳大利亚，汉堡王公司不得不使用"饥饿杰克

[①] 一种健康时尚的健身运动，将音乐与动感易学的动作还有间歇有氧运动融合在了一起。尊巴是由舞蹈演变而来的一种健身方式，它融合了桑巴、恰恰、萨尔萨、雷鬼、弗拉门戈和探戈等多种南美舞蹈形式。"尊巴"一词最早源于哥伦比亚俚语，意为"快速运动"。——译者注

（Hungry Jack）"这个名字开展业务。尽管这家公司如今已经在澳大利亚成功注册了汉堡王这个品牌名称，但它还是明智地决定，继续使用饥饿杰克这个品牌，因为这个品牌名称在当地已经获得了认可。所以，我们可以看到，你起的名字决定了这个品牌是否适合在国际上推广。正因为如此，在你计划将生意做成国际业务时，就应该让商标律师参与进来，而不是仅仅把你的品牌名字看作是一个装饰。

了解你自己

在为你的命名策略做决定时，要认真思考你的需求有哪些，你的目标是什么——你的品牌名字中必须包含什么才是一个好名字？你想通过这个名字达到什么目的？在面对候选名字时，你如何判断它是否值得考虑？

你想通过名字传达什么理念？有没有某种类型的名字是你特别想要的？

人们看到这个名字，会认为这个产品品质很好吗？你是不是想传达一个比较抽象的概念？你想通过这个名字传达什么潜在的想法或情感？

你是想让自己的企业给人一种愉快和新颖的感觉，还是一种更传统的感觉？你想让企业的名字显得友好，令人亲近吗？

你希望你的在线产品或者播客使用这个名字吗？这个决策会

影响到商标类别,在不同国家进行名称保护的政策也不一样。

在为品牌命名的时候,要回顾你的价值观和愿景,想想你在公司业务和目标市场(如果有的话)上的战略思考——所有这些都会为你提供灵感,会让你明白自己想要什么样的名字。

品牌名称的类型

一般来说,有六种类型的品牌名称可以考虑。

描述性的品牌名称

描述性的品牌名称,顾名思义,就是直接说你是做什么的。

如果一个名字直截了当地描述你的产品和服务——比如,你是一名水暖工,决定把自己的公司叫作"管道维修公司"——那么这样的名字描述性就太强了,不能用作商标。也就是说,它不是一个好的品牌名称,未来无论是进行推广还是在法律上进行保护都很困难。当你的品牌名称不是独一无二的,你的收入就会降低。不幸的是,许多企业创始人以及他们的营销人员都喜欢这类名字。这是因为,在创业早期,使用描述性的名字可以帮你省去一笔营销费用,这种名字也更容易在客户心里留下印象,知道你这个公司是干什么的。然而,从长期来讲,它对品牌发展的不利影响显而易见。

在互联网发展早期，网络世界就像一个小城市。每个行业只有几个供应商：只有一个宠物商店、一个代理商行、一个红酒商店、一个书店等。所以人们喜欢使用描述性域名，因为它们很适合早期的公共搜索引擎。

这种情况一直持续到2014年。那时人们使用搜索服务时，谷歌还将网站的域名地址（URL）作为重要的考虑因素，以此判断哪些网站最符合人们的需要。因此，如果一个网站的域名中包含了描述性术语，那么在人们搜索这个术语时，比起域名中没有描述性术语的网站，这类网站更容易排到谷歌搜索结果的顶部。比如，如果你搜索"书籍（books）"，那么在你得到的结果中，域名是books.com的网站肯定比巴诺书店（Barnes & Noble）的网站排名高（事实上，books.com这个域名现在属于巴诺书店，所以如果你输入网址books.com，会重定向到巴诺书店的网站barnesandnoble.com上）。随着互联网对我们的生活影响越来越大，人们更愿意在域名中加入大量的、通用的关键词，以便在搜索方面获得优势。人们很喜欢这种方法，因为可以为他们的网站带来流量。

根据莫兹公司联合创始人、搜索引擎优化专家兰德·费希金的说法，如今，借助这种方式使用搜索引擎优化服务来推广自己品牌的办法已经不再适用。

刚进入21世纪的时候，诸如法律网（law.com）、红酒网（wine.com）和宠物网（pets.com）这样的网站赚了很多的钱。桌面网（Desktop.com）的第一轮融资就达到2900万美元；电话网（phone.com）的市值达到68亿美元；还有买网（buy.com），它在2000年的广告预算达到5000万美元。尽管这些投资数额巨大，但今天还有谁听说过这些网站吗？

因此，在几年前，使用描述性的品牌名称可能在搜索引擎方面为你带来显而易见的好处，但现在，由于谷歌算法的变化，一个包含大量关键字的域名并不能在搜索引擎方面给你带来好处。用通用的描述性词语作为你的品牌名称，就如同你为自己的宠物狗起名叫"狗"一样，毫无想象力。不幸的是，人们可能没有充分认识到，描述性的品牌名称对品牌的生存和发展有多么严重的限制。描述性品牌名称最终会损害你的市场份额。

案例分析：美国税务和金融服务公司

当达琳·哈特为公司起名为美国税务与金融服务公司（US Tax and Financial Planning）的时候，她是市场上第一个为生活在美国以外的美国公民提供税收和投资服务的公司。当时，就连四大会计师事务所也没有提供这样的服务。然而，她选择的这个描述性名称，实际上方便了别人侵占她的市场份额。当人们意识到这是一个有利可图的行业时，竞争对手很快就出现了，并开始使用类似的名称提供类似的服务。

由于使用的是通用词，所以这家公司的市场营销费用有部分被竞争对手利用了。想象这样的场景：当人们听说了这个业务，会上网搜索"美国税务与金融服务"。然而，因为这是一个通用词而不是一个独有的品牌名称，他们会搜到大量提供相同服务的公司，只是在描述上稍微有些不同。除非这个人知道这家公司是由达琳·哈特创立的，否则他们不可能总能找到这家最先经营这个业务的公司。

想象一下，如果一个公司使用的是独有的名字而不是描述性名字，会发生什么情况。比如嘉信理财（Charles Schwab），这家公司提供各种服务，帮助人们投资和制订退休计划。听说过这家公司的人，如果用品牌名称去搜索，就会找到它，不会是其他任何公司。但如果他们搜索"投资和退休计划"，他们就会找到各种各样的服务提供商。嘉信理财也会出现在搜索结果中，因为这家公司围绕这些关键词进行了搜索引擎优化。如果达琳·哈特使用一个独有的名字，比如"哈特"，那么在21世纪初的那些日子里，通过品牌名称搜索她的公司的人就会找到她，而不会被搜索结果误导到其他地方。在早期市场上没有这么多服务商的时候，她获得的商业声誉只会让她受益，而不是让竞争对手同时受益。

尽管名字起得不好，但这家公司还是很成功的。随着时间推移，它已经用首字母缩写USTAXFS注册了商标，以区别于其他的服务商。然而，如果它一开始就起了一个独有的名字，那么这多年来它建立起来的品牌资产将更可观，赚的钱也会更多。只有拥有一个独一无二的名字，才能针对竞争对手采取法律措施。

在品牌命名中，使用包含大量关键词的描述性名称，几乎是人们可能犯的最大错误。因为这样的名字并不是独一无二的。品牌名称不是用来描述你的业务的。

如果你想给买家一些提示，让他们知道你的公司是做什么的，你可以使用品牌口号来实现这一点。但最终，你要靠市场营销推广你的产品。

用首字母缩写做品牌名称

用首字母缩写做品牌名称也不是一个好的选择。像先前例子里达琳做的那样，通常采用描述性的品牌名称的人，接下来就会用首字母缩写做品牌名称。因为他们起初使用描述性词语做品牌名称，等到想起来要做商标保护时，却发现自己的名字无法注册成商标，于是只能用这个名字的首字母缩写注册商标。

　　然而，当一个品牌想要使用的首字母缩写被另一个品牌占用了的时候，问题就出现了。比如，世界自然基金会（World Wide Fund）和世界摔跤联合会（World Wrestling Federation）都想使用缩写WWF作为品牌名。这两个品牌在不同的司法管辖区为域名和商标争斗了数十年，最后，世界摔跤联合会更名为WWE。

　　同时，并不是所有首字母缩写都可以用作品牌名称。比如，根据商标规则，像ROI①这样的专用缩略词，或者行业术语的缩略词，都不能用作商标。这意味着每个人都可以用这些首字母缩写，你的品牌并不能用它作为一个独有的名字。

　　如果你从一张白纸开始起名字，完全没有必要用缩略词。但为什么有人要用呢？这是因为他们认为首字母缩写这种命名方式很不错，他们想效仿使用缩略词做品牌名的大量知名公司和品牌，比如美国国际商用机器公司（IBM）、汇丰银行（HSBC）、印度尼西亚国家银行（BNI）、通用电气（GE）、英国电信（BT）和英国航空公司（BA）。这些公司一开始使用的都是描述性名称，不能注册商标，所以他们使用首字母缩写作为商标。

　　品牌名称是买家和你的第一次接触，但很少有人能一下子记住缩略词。除了提出这个名字的人之外，它对别人毫无意义。那些知名公司都是在市场营销上花了大钱，才最终让人们记住了他

―――――――――――

①　ROI 是 Return on Investment（投资回报率）的缩写。——译者注

们的首字母缩写。他们这么做，并不是因为这么做好。比较好的做法是用一个你喜欢的，听起来悦耳的自造词做品牌名，而不是用一个不容易让人记住的首字母缩写做品牌名。

引发联想的品牌名称

人们喜欢用引发联想的品牌名。因为这样的名字既暗示了你的行业，又没有直接描述它。比如，极客团队（Geek Squad），玩具反斗城（Toys'R'Us），户户送（Deliveroo），巧克力饭店（Hotel Chocolat），以及我自己的品牌——品牌力量优化框架。如果你的名字没有使用描述性词语，而是用了一些引发联想的词语，那么它们就可以注册为商标。然而，这类名字并不一定适用于所有的行业，它们也不是最棒的品牌命名方式。对于涉足多个行业的国际性品牌，这种名字就不合适。另外，在品牌保护方面，它的花费也比较贵。易捷航空（EasyJet）在品牌保护上花的钱就远高于瑞安航空（Ryanair）。原因很简单，因为保护引发联想的名字要比保护瑞安（Ryan）这样的自造词名字困难得多。

用字典里的现成词语做品牌名称

用字典里现成的并非描述产品或服务的词语做品牌名称，是比较流行的做法。人们通常认为，你不太能用你喜欢的普通词语做品牌名称。因为在他们看来，一个现有品牌不可能垄断某个常用词语的使用权，比如博斯男装（Boss），不可能垄断老板（Boss）这个词。但环顾四周，用字典里的普通词语做品牌名称的例子比比皆是。这样的知名品牌有：苹果（Apple）、壳牌（Shell）、亚马逊（Amazon）、红牛（Red Bull）、蛋牌（Egg）、芒果（Mango）、捷豹（Jaguar）、优步（Uber）、叉腰（Akimbo），以及维珍（Virgin）。这些词本身都有自己的含义。字典里有很多词可供选择，比如希腊众神的名字、字典里的某些罕用词、发音好听的词，等等。你只需要避免和其他品牌使用同样的词语就可以了，或者至少要意识到你这么做可能会受到质疑。尽管品牌专家认为，名字应该传达出品牌的一些信息，比如这个品牌的个性，但我认为完全没有必要。就像我在"品牌力量优化框架"的品牌中选择猫头鹰一样，在起名字之后，完全可以编一个故事，说明你为什么起这个名字。例如，我就可以把Azrights解释为我们提供从A到Z的全面的知识产权和相关商业法律服务。然而，在起这个名字的时候，我还不知道我们要干什么。

正如拜伦·夏普在我的播客访谈中指出的那样[①]，麦当劳（McDonald's）这个名字源于苏格兰，对于一个汉堡品牌来说几

---

① Let's Talk Branding (11 August 2019).

乎没有任何意义。我们利用品牌简化我们的生活。它就像一个小盒子，可以储存我们的记忆，例如，存储对于这个品牌提供的产品的记忆。

据说，史蒂夫·乔布斯选择"苹果"这个名字是因为他当时正在进行"水果膳食法"，而且刚从一个苹果农场回来。他觉得这个名字听起来"有趣、生动、不吓人[1]"。你的品牌名称不一定是英文词语。比如，Zumba（尊巴）是个西班牙词语，意思是像蜜蜂一样嗡嗡叫着迅速移动。名字的发音也能传达含义。即使你不知道尊巴这个词在西班牙语中的意思，它的发音也会让你想起舞蹈课。Pret a Manger（中文译作"百特文治"，现在的名字只剩下Pret了）[2]是一个法国短语，意思是"方便食品"。

如果你的品牌名称是字典里的词语，那么这个词语本身就会向不同的人传达不同的意思。传达什么意思取决于这个词语对这个人意味着什么、和他有什么联系。过了一段时间，随着品牌建立起来，它和原有词义的联系就变浅了。比如，当我们听到"苹果"这个品牌时，不太可能想到苹果；当我们听到"壳牌"这个品牌时，不太可能想到贝壳。珍妮·罗曼纽克在《打造独特的品牌资产》中指出，如果某个品牌资产已经深入人心，那么你选择

---

[1]　"From the archives: Steve Jobs in his own words".

[2]　一个英国快餐品牌。——译者注

这个品牌资产时就有风险——消费者会想起以前的品牌而不是你的品牌。也就是说，在理想的情况下，你的名字要让人只能想起你的品牌，而不是竞争对手的品牌。这意味着要选择一个独有的、辨识度高的名字。这就是我们接下来要考虑的：用自创词语做品牌名称。

用自创的词语做品牌名称

品牌名称本质上是一个空容器，可以注入各种意义。因此，人们通常喜欢用自创的词语做品牌名称。如果在这个品牌使用前，不存在这个词语，那么这个品牌名称就是最独一无二的了。这样的例子包括微软（Microsoft）、星巴克（Starbucks）、艾克森石油公司（Exxon），当然还有谷歌（Google）——Google这个词是"googol（10的100次方）"一词的变体，据说是他们的创始人在起名时拼错了。这些品牌名称使用的词语离开这个品牌就毫无意义，这非常有利于品牌保护。这种品牌名非常适合在全球经营多种业务的公司，而且如果你希望有一个".com"域名，它也很适合。因为这些品牌名都是独一无二的，所以如果第三方注册了类似的域名，那么品牌所有者就非常有可能在域名争端中获得补偿。注册此类域名的第三方很有可能被认为是恶意的。

给品牌起名字的目的是创造出一个可辨识的品牌——正像夏

普在他的《非传统营销》中指出的那样，要追求"无意义的辨识度"，而不是有意义的差异化——一个没有内在含义，但听起来适合你产品或业务的名字是一个非常好的选择。这种方法的缺点是需要将意义注入这个自创的词语。比起一个已经有意义的词语，它需要更高的市场营销预算。然而，它是一张可以任你挥洒的白纸，是一个比首字母缩写更好的选择。

用自己的名字做品牌名称 ①

另一个流行的做法是用创始人的名字做品牌名。这是一个好主意还是一个坏主意？研究结果各执一词，有的说好，也有的说不好。虽然看上去没有结论，但这其实也意味着在实践中，你不用担心用自己的名字命名你的品牌会影响销售——除非有压倒性的反证。有些人说，当你用自己的名字命名品牌时，你的公司看起来会更私人一些或者更像家族企业。按照一些品牌专家的意见，如果你的品牌不想主打个人服务或者营造家庭氛围，那用自己的名字就不太合适。

时装设计行业中的品牌名称总是使用设计师的名字，厨师行业也是如此。各行各业都有很多知名品牌用创始人的名字做品牌名，比如迪士尼（Disney）、戴尔（Dell）、蒂芙尼（Tiffany）、

① 原文是"Proper Name"，直译为"专有名词"。此处根据正文的内容做了意译。——译者注

吉百利（Cadbury）、玛氏（Mars）、史威士（Schweppes）、戴森（Dyson）等。

通常，姓氏更适合做品牌名称。因为如果一家企业成功了，那么就算创始人去世了他也可以继续蓬勃发展。在时装设计行业，这类例子有圣罗兰（Yves Saint Laurent）、华伦天奴（Valentino）、迪奥（Dior）、普拉达（Prada）、香奈儿（Chanel）、朗万（Lanvin）和路易威登（Louis Vuitton）等。不管这些公司是继续由家族经营，还是卖给了外人，它们能够延续下来就足以说明，即使用设计师的名字命名的个人品牌，也不会因为创始人的退出而受到影响。

归根结底，业务延续的关键在于生意兴旺发达，而不是企业是否以创始人的名字命名。如果企业不能延续下去，那么创始人的名字无论如何也没有延续的意义。

我们将在第十章谈到个人品牌时，继续这个话题。

品牌口号和标语

虽然严格来说，品牌的口号和标语不是品牌名称，但它们可以很好地帮助买家记住你。一般来说，选择品牌名称的原则也适用于选择口号和标语，也就是看它能不能注册成商标。如果品牌口号不是用来描述你的业务的，比如"Just Do It（想做就做）"
就不是描述耐克产品的，那么它就有可能成为独有的品牌资产。
耐克从1994年起，就把这个口号进行了商标注册。如果你的品牌
名称出现在口号中，那么作为口号注册成商标就没有任何问题。
比如亨氏食品公司（Heinz）的口号"Beanz Meanz Heinz（买豆
子就找亨氏）"就可以进行商标。如果你不确定一个口号是否能
注册成商标，那么一个好办法就是先在这个口号上加上你的品牌
名称注册成商标，然后在适当的时候，再将这个口号短语做商标
注册。欧莱雅（L'Oréal）就这么干过。它在1976年先注册了一个
"L'Oréal Because You're Worth It（欧莱雅，你值得拥有）"的
口号，然后在2001年注册了"Because You're Worth It（你值得拥
有）"这个口号。而且，如果你选的这段话独具匠心，也可以把
它注册成商标。比如约翰–路易斯（John Lewis）的口号"Never
Knowingly Undersold（从未故意抛售）"。这也是Azrights品牌成
功注册"Easy Legal Not Legalese（让法律变得简单）"这个口号
的方法。正如我们在第四章提到的，口号是有用的、独有的品牌
资产，要认真开发。除非你能立即想出符合自己需求的口号，否
则你可能需要一些时间酝酿。与此同时，你可以使用口号来描述
你的业务，并保持品牌名称的独有性和辨识度。

◉ 品牌名称相似的竞争者

前面谈到过，在品牌的命名策略中，第一步就是要考虑你的竞争对手。你可能会注意到，在某个行业中，大家往往采用相似的命名规则：比如银行，习惯以它的创始人命名，律师事务所也是如此；科技创新企业通常用自创的词语做品牌名称；连锁餐厅往往用引起联想或者引起回忆的名字。你的品牌名应该符合行业习惯（如果有的话），同时还要和行业内的其他品牌名不同。也许，和行业习惯不同也是一个聪明的做法，可以让你在行业中脱颖而出。

一个有趣的例子是比价网站。这些网站的名字有市场比较网（Compare the Market），来比网（Go Compare），解惑网（Confused），以及金钱超市网（Money Supermarket）。它们的名字都差不多，都在描述自己的业务。虽然这些名字都可以注册成商标，但按照这种方式起名，彼此之间往往会混淆。这是一个很大的问题，因为谷歌广告（Google Ads）允许商家在广告中使用竞争对手的品牌名作为关键字。所以，如果有人用谷歌搜索"Compare the Market"这个关键字，那么金钱超市网的广告完全有可能出现在搜索结果中。

2006年，实力强大的BGL集团推出了市场比较网。他们在英国和澳大利亚的电视广告中引入了猫鼬形象（Meerkat）[①]，试图

————————

① 猫鼬的英文为 meerkat，和市场一词的英文 market 谐音。——译者注

让自己的品牌更加与众不同。这些广告在2009年投放。根据维基的说法，在这些广告投放之后，这个网站的排名从第16位升至第4位。不过，弄清楚猫鼬形象在多大程度上推广了正确的品牌，是一件很有趣的事情。我问过一些人，他们很多人以为这些广告是该网站的竞争对手投放的；我丈夫则以为是金钱超市网做的这些广告。

可能是看到了市场比较网的成功，也可能只是为了在品牌名相似的情况下脱颖而出，其他的竞争对手，比如来比网也开始做起了广告。在来比网的广告中有一个虚构人物——意大利的男高音歌唱家吉奥·康帕齐奥［Gio Compario，由威尔士男高音歌唱家韦恩·埃文斯（Wynne Evans）扮演］——在电视上做广告。在这些广告中，吉奥在不同地点演唱来比网的主题曲。这些广告被评为2009年和2010年最令人讨厌的广告。

新进入这一市场的企业家可能会认为，他们必须想出一个角色以及复杂的背景故事才能与其他对手竞争。但我认为，让你脱颖而出的是一个有自己特色的品牌名称，而不是像目前这个行业中的玩家那样，起一个试图引发联想的品牌名。因为搜索引擎优化方面的原因，你不能起一个描述性的品牌名。一个好的搜索引擎优化公司可以帮助你，只要你在自己的网站上使用适当的内容和正确的关键词，在人们搜索某些关键词的时候，你的网站就会出现在搜索结果的显著位置上。

品牌命名时的两要、两不要

要选择一个易读、易写的名字

当人们在菜单上看到一道菜，却不知道怎么念的时候，他们往往就不点这道菜了。如果你不知道奎奴亚藜麦（quinoa）和蜀黍米花（popped sorghum）的正确发音，那么在餐厅里宴请重要的客人时，你就不会点这些菜。品牌名称也有类似的情况。如果人们不知道怎么念这个名字，他们最简单的办法就是避免提及你的品牌。如果你的品牌名字不好发音，那么你就需要利用一切机会，说出这个名字，让人们听熟它；如果它很难拼写，你就需要找到一种方法教人们拼写它，并把这种方法融进市场营销活动中。

要让名字简短，而且可以扩展到其他产品和服务上

如果你的业务扩展到其他领域，你会受到品牌名称的限制吗？莫兹公司原来叫"莫兹搜索引擎优化公司"。后来他们要涉足其他领域，因此简化为莫兹。再比如前面提到的苹果公司，它之前在品牌名称上添加描述性词语（"苹果电脑"）就是一个错误的做法。尤其是你采用单一品牌架构时，更要注意这一点。你不能在主品牌上添加描述性词语，而是采用子品牌的方式。同时，在重塑品牌时你也必须小心。拿跨境汇款服务公司智慧转移（TransferWise）为例，在经营了十多年，销售额已达数十

亿美元的情况下，这家公司决定重新命名品牌为"智慧"（Wise）。他们认为品牌名中的"转移"（Transfer）是一个独立的单词，影响了他们的扩张计划。然而，熟悉他们品牌的消费者却不这样看。就像我们看到苹果品牌时，不会想到苹果一样，智慧转移的大多数客户都把这个品牌名称看成是一个词。去掉了转移，把品牌名称改为智慧是个吃力不讨好的工作，尤其是还增加了在国际上注册商标的费用，因为智慧转移是一个比智慧更独特的名字。

不要：不要轻易改名字

除非你的公司刚刚起步，或者声誉受到了影响，否则不要轻易改名字。重塑品牌会对业务产生负面影响，因为客户会觉得你突然消失了。而且改名字和新开发一项业务一样，需要大量的费用。它会让你处于非常不利的地位，客户会忘了你的品牌，你在市场上的曝光率也会降低。如果你是因为商标冲突而被迫重新命名品牌，那么你碰到的困难将加倍，因为你无法简单地把域名重定向到你的新网站上。如果你对他人的侵权行为过了很多年才被发现，你的损失可能更大，因为这时，公司的收入可能对你非常重要。比如，伊丽莎白·麦考伊（Elizabeth McCaughey）在旧金山湾区（Bay Area）以麦克咖啡（McCoffee）为名经营了17年的咖啡店因为和麦当劳的麦咖啡（McCafe）冲突就被要求更名了。

不要：不要用一个和知名品牌相似的品牌名

一家叫迈克咖啡（MacCoffee）的新加坡公司尽管已经注册了欧盟商标（EU trademark），麦当劳仍然可以阻止它使用这个名字。法院裁定这个商标无效，因为它的名字中包含"迈克（Mac）"元素，会从麦当劳的品牌声望中获得不公正的收益。法院还补充说："MacCoffee很可能是在搭麦当劳的便车，从麦当劳品牌的吸引力、声誉和信誉中获益，而没有支付任何经济补偿。"正如在本书第二章提到的那样，比起它们的产品和服务，知名商标受到的保护更严格。所以你不应该使用和知名品牌相似的名称——无论你的产品或服务和他们的有多大的不同。

品牌名称在其他语言中的含义

如果你的业务已经覆盖（或将要覆盖）全球，那么在确定品牌名称候选名单之前，需要先研究一下这个品牌名在其他语言中的含义。美国航空公司（American Airlines）为了向墨西哥乘客宣传自己的豪华商务舱，特别是真皮座椅，用西班牙语写了一条宣传广告"Vuelo en Cuero（空中的真皮体验）"。但他们没想到，在俚语中，"en Cuero"的意思是"裸体"。墨西哥的商务舱乘客很少有这种需求！类似的事情还有某公司为饮料起名"Irish Mist（爱尔兰薄雾）"。而在德语中，这个词的意思是"肥料"。

在最终确定名字之前，你不妨多花一些时间，问问家人、好友或者团队成员的意见。集思广益，你会避免犯一些错误。

域名

还有一件事需要决策，那就是你的公司需不需要一个.com域名。曾经有一条"品牌铁律"，就是你必须拥有自己品牌名称的.com域名。这条原则曾经无比重要，以至于一些好名字会因为申请不了相应的.com域名而被迫放弃。.com域名注册与现有的商标注册体系有很多交叉冲突的地方，很难确定一个好品牌名字是不是可用，特别是一些在其他市场上可用的名字，却不一定能注册成.com域名。但是现在，可用的域名后缀非常多，所以.com域名变得没那么重要了。不过，仍然有很多人相信，拥有一个.com域名非常重要。

人们在网上搜索公司的方式已经发生了变化，所以我建议，不要因为没有.com域名而放弃一个绝妙的名字。你以后也许能买下这个.com域名。很多公司就是这么做的。同时，他们也找到了变通的办法。比如，从事心理健康应用服务的顶空公司（Headspace）就用"Get Some Headspace（给自己一些顶空）"作为他们的域名，直到他们买了一个.com域名才变过来。我们公司成立了10年以后，才拥有了Azrights.com域名。现在，人们搜索网站的方式已经发生了变化，所以过去对域名定位符的要求已经过时了。

　　尽管如此，如果你对拥有.com域名还有执念，也不妨一试。但你不用在起名字之前先买域名。你要做的是，找出这个.com域名是否可用，然后先确保这个名字可以注册为商标后，再购买域名。我建议你用自己的浏览器去查看你关注的.com域名，而不要使用域名查询网站——有一些传闻说，域名查询网站会记录人们对某个域名的兴趣，由此触发某些人抢注这个域名。等到你再回去注册这个域名时，你会发现它已经被人捷足先登了。

　　一旦商标审核确定这个名字可用，你就要买下这个域名，准备好商标注册的材料，并在社交媒体上注册你的账号。如果你不迅速行动，你就可能发现，在你进行品牌形象设计时，有人已经用你的名字——或者近似的名字——注册了商标，使你不得不换一个名字。换句话说，在你搜索可用的名字和注册这个名字的时间差内，情况就可能发生变化——所以不要耽搁。

◎ 整理候选名单

当你在给品牌起名字的时候，研究调查、购买域名、注册商标以及进行视觉形象设计的顺序很重要。顺序不同，你得到的结果就不同。你可能会得到一个满足你需要的、经过深思熟虑的品牌名称，也可能浪费了大量时间、金钱和资源，却仍然没有得到一个在法律上受到保护的品牌名称。

具体的做法是，在进行法律审核前，你有必要选择几个候选名字。我建议你选3个到6个。它们最好是你已经用谷歌搜索过，并进行过粗略的商标注册查询的名字。然后，把这些名字按照你的喜好程度排序，发给你的律师，让他们检查是否可用，以此确定最好的名字。自己先检查一遍非常重要。当我们的客户与设计师合作时，我们有时会收到一些根本不可能注册的名字，或者在查询商标注册时马上会被排除的名字。所以，如果你正在与设计师合作为你的品牌命名，你要确保他们发给律师的名字，是他们已经粗略地进行过商标注册查询的名字。这样你的律师需要斟酌的名字才是一些真正的选项。

当你为候选名字在谷歌上搜索时，首先要弄清楚自己在找什么，这样才能发现明显的问题。在你尽力评估、剔除那些不合格的名字时，你要记下这些名字被发现不合格的情景，这样你就能了解某个特定的名字遇到的问题是什么。在搜索调查完成后，你会得到一张表格，上面列出了要考虑的名字存在哪些问题和疑问。有了这样的调研记录，你就不会因为忘记而进行重复劳动了。可以用电子表格来记录你的工作。

🔁 非商标化

如今，西方人在网上进行搜索时，会直接说去"谷歌"某样东西。不少人认为，把"谷歌"这个品牌名词用作动词，是对这个品牌的一种恭维和赞誉。然而，这样做有可能威胁到这个品牌，使它的品牌名称成为通用词语，从而失去商标权。因此，谷歌公司改变了自己的品牌命名策略。比如，它重新命名了已经推出很久的"毕加索（Picasa）"以及"写博客的人（Blogger）"这两个产品，改成了"谷歌照片（Google Photos）"和"谷歌博客（Google Blogs）"。他们此后推出的产品也都采用谷歌加后缀名的方式命名：谷歌新闻（Google News），谷歌翻译（Google Translate），谷歌浏览器（Google Chrome）等。这样做强调了"谷歌"是一个品牌名称，而不是一个动词，因为你必须使用"谷歌"这个品牌名称来指代这个品牌的产品。

阿司匹林（Aspirin）这个品牌名称在美国、英国和法国已经不能用作商标了，因为它成了一个通用名词。在某些国家，阿司匹林就是止痛药的代名词。因为成为通用名词而全部或者部分失去商标权的品牌名还有：猫眼（Catseye）、自动扶梯（Escalator）、热水瓶（Thermos）、随身听（Walkman）、气垫船（Hovercraft）、施乐（Xerox）、面巾纸（Kleenex），等等。这就是所谓的"非商标化（genericide）"，意思是这些原本是商标的名字不能再继续作为品牌名称来指代产品或者服务的来源了。它们的商标已经失去了辨识度，竞争对手可以把这些名字随意加到自己的产品或服务上。

品牌通常是一家公司最有价值的资产。如果一家公司不再对自己的品牌名称拥有专有权，那么它的品牌实际上就消亡了。

🔄 商标

请律师检查你的品牌名称是否可用，是为了获得法律意见，看看你选择的名字是否合适。有时候从法律角度看，有些名字不能用，其理由并不是已经被别人用了。还有一些是因为描述性太强所以不能用，因为不能注册为商标；一些地理名词和常用名词也不能用；一些首字母缩写也不能用，比如前面提到的ROI。

就像你买一块地一样，你要先请律师调查这块地的情况，然后把产权移交到你的手里，然后你才会在上面盖房子。在品牌推广中，你也要先确保自己有使用这个品牌名称的权利，然后才能进行视觉设计。所以应该先选名字，注册商标，再进行视觉设计。

人们普遍认为，可以等你的生意做大、做成功了以后再去把品牌名称注册成商标。这种认识是错误的。除非你有足够的财力去保护你未注册的品牌名称，否则不注册就意味着你并不拥有这个品牌名称。我见过太多的人，因为没有采用必要步骤保护自己的品牌名称，陷入很多不便和麻烦中，花了很多钱。平均算来，如果你没有及时保护品牌名称，那么你用来处理麻烦的费用大概是你在第一时间注册了品牌名称的人的十倍以上。

品牌名称以及商标的注册和不动产的注册很像，应该用同样的方式严肃对待。如果你只是占了一块地盖房子，但没有办理合法的所有权手续，那么你的居住权是不受保护的。你的权利可能会被剥夺，或者经历漫长而昂贵的法律诉讼后仍然失去它们。你不知道什么事情会夺走你的平静，让你无法使用自己的房产。同样，如果你没有仔细审核并确保使用品牌名称的权利，你也可能失去它。保护你的品牌名称不是一件可做可不做的事情。即使你最终不想卖掉你的企业，你也要把你的品牌名称注册成商标。

社会对商标的看法还有待进步。很多人认为，可以等到你的生意成功后，再去注册品牌名称。尽管有些费解，但不少人还有一种想法，认为不进行商标注册能省下一笔费用。但这样做其实会面临一个风险。如果有人使用或注册了一个和你相似的品牌名称，而你们无法共处时，你可能要花大价钱去打官司。

注册商标的好处

注册商标可以大大降低别人使用相同品牌名称的风险。你注册的商标记录在公共商标登记册上，人们在起名字之前会在他们的司法管辖区内查询这些登记册。如果你的品牌名称不在上面，别人就可能注册同样的名字。这会引起纠纷，最终导致不必要的花费。如果你注册了，而别人使用了相同的名字，那他们从一开始就错了。这时你的维权费用就会比没注册时小得多。此外，如果一个财大气粗的企业看上了你的品牌名称，他们会出钱买下这个名字。而如果你没有注册，他们就会知道你即使维权也打不过他们。换句话说，你对自己品牌名称的权利强弱会影响你的处境。你可能会被卷入一场代价高昂的法律争端，也可能会收到一份购买你的品牌名称的报价。

我自己就碰到过这样的事情。我这个人一旦想到一个名字，马上就会去注册商标。我在英国曾经为我的一个系列产品注册了商标，接着一个财源雄厚的企业也用了相同的名字。在这件事情上，我处于有利地位。在我注册了那个商标一年后，我偶然发现，这家企业在欧盟也注册了同样的名字。那时，英国还是欧盟成员，所以我在英国注册的商标优先于他们在欧盟注册的商标

（在英国和欧盟体系中，商标所有人要监督自己的商标使用情况，系统不禁止人们注册同样名字的商标）。我写信给那家公司，告诉他们我已经知道了这件事，会申请撤销他们的注册商标。一旦发生这样的事，他们就只能在27个欧盟国家分别注册商标，并在英国使用其他的品牌名称。因为我在英国注册了商标，所以他们在欧盟注册的商标无效。我提出，我可以把我的英国商标卖给他们，条件是他们在我花时间和精力申请撤销他们的注册前，买下我的商标。我给出了我的报价，其中包括我为现有项目重新命名的费用。他们立刻就接受了。我们达成了协议。

这里的重点是，知识产权十分重要。它不仅关乎谁有钱打官司，它还关乎谁在争端中处于有利地位。当你注册了商标，其他人会注意到你的权利。虽然在习惯英美法系的国家，比如在美国，使用一个未注册的标识可以被看成是既成事实，确实会获得一些权利；但依赖未注册的商标获得的安全感是虚幻的。它们其实比大多数人意识到的更昂贵，限制也更多。

理解商标

所以，一旦你确定了一个可用的品牌名称，你就要在英国、欧盟，或者在你的国家申请注册字词商标（word mark）。在美国以及世界上的一些其他地方，只有和现在的商标不冲突的名字，才能注册。这就是说，如果它和一个现有的商标相似，注册机构就会驳回你的申请。因此，如果你在这些司法管辖区注册成功了一个商标，那是一件大事——值得庆贺。

不幸的是，在英国或欧盟注册商标时并非如此。到目前为止，人们可以注册任何商标，即使别人已经注册了相同的商标也可以（商标所有人要监督自己商标的使用情况，但他们没有义务提醒你不要注册有冲突的商标）。比如，微软公司曾经在欧盟注册过一个空中硬盘（Skydrive）商标，但它侵犯了天空公司（SKY）的商标权。这家公司在英国高等法院起诉微软，最终微软被迫把这个品牌重新命名为一号硬盘（OneDrive）。

因此，在使用和注册一个品牌名前，请律师进行法律查询并提供意见是很有必要的。比起你直接去注册一个商标，它为你提供的保护更多。这是因为在英国和欧盟体系中，已经注册了这个品牌名称的商标所有者可以不理睬你的注册申请。他们没有义务阻止你。直到你注册成功了，他们再来决定是不是申请撤销你的注册。他们会等到你的生意成功时再这么干，因为这时你就对他们产生了威胁。

很多企业主往往没有意识到，一些品牌为了确保自己的垄断地位，会付出多大的努力。他们满怀热情地去注册商标，以为不会与任何品牌发生冲突，但遭到当头一棒时，却完全不知道该怎么办。不管你听到的法律意见让你觉得这个律师过于谨小慎微，还是觉得他的确帮你调整了品牌名称、避免了风险，你最好都要未雨绸缪。不要在你确定品牌名称之后再改变它，因为这样做很具颠覆性。

注册商标可以保证你对自己的品牌名称有专有的使用权，这是你最宝贵的品牌资产。据报道，早在1900年，桂格燕麦公司（Quaker Oats Company）的董事长约翰·斯图尔特（John Stuart）就说过："如果分家，我会给你土地、砖块和砂浆，我只拿走品牌和商标，而我拿走的比你的多。"[1]

每个企业都需要商标

如果你没有一个独有的品牌名称，那就意味着你没有一个承载你品牌价值的容器，你的市场份额就会降低。拥有一个属于自己的品牌名称是一个必选项。即使你做生意的目的只是养家糊口，混到退休，你也应该为你的品牌注册商标，因为这样就不会有人干扰你的生意了。

如果你有更大的抱负，那么要记住，当你的企业成功时，你的品牌价值是由你的品牌名称承载的。你必须拥有自己的品牌名称。在你到其他国家做生意的时候，你也要在其他司法管辖区注册商标，保护你的收入。品牌名称可以保护你的市场份额。

---

[1] John Stuart, "The value of brands"; John Stuart, "Branding strategy: building strong brands".

⤴ 如何起一个具有可辨识性的品牌名称

正如我们在本章中看到的那样，起一个辨识度高的品牌名称应该是压倒一切的目标。品牌名称是人们识别你的品牌的主要方式。

一旦你通过法律查询，确定了一个合适的品牌名称，下一步就要注册商标，保护你对这个名字的所有权。商标注册相当于在这个行业中圈了一块地，赋予你使用这个品牌名称的独家权利。

注册一个字词商标应该是标准做法，因为品牌名称是品牌的关键。人们通过品牌名称想起你。品牌名称就是品牌的锚地。没有获得品牌名称的所有权是一个必须避免的基本错误。

>>> **本章要点** <<<

● 决定品牌名称使用权的是商标，而不是域名或者公司注册登记。

● 要选择一个与众不同的品牌名称，命名也要符合你的行业习惯，以及你的价值观和公司的愿景。这个名字要简短，易读易写。

● 有六种类型的品牌名称可以考虑：

■ 描述性的品牌名称：描述性的词语可能无法注册成商标。

■ 用首字母缩写做品牌名称：不容易记；这个缩写有可能不能做品牌名称；其他品牌已经捷足先登了。

■ 引发联想的品牌名称：如果避免使用描述性词语，就可以注册成商标，但对于国际性品牌或者跨行业品牌不太适用。

- 用字典里的现成词语做品牌名称：可以用，但要避免使用其他品牌已经使用的词。

- 用自创的词语做品牌名称：最具辨识度的品牌名称，在品牌保护方面最有效，但是需要投入较多的市场营销费用，为这个词注入意义。

- 用自己的名字做品牌名称：很多知名品牌都用创始人的名字做品牌名称。

• 选择3个到6个名字，在谷歌上搜索或者进行简单的商标注册查询后，发给你的律师，让他们根据可用性选择最好的名字。

• 在进行品牌的视觉设计前，先在英国、欧盟或者你的国家中，把你的品牌名注册成字词商标。

第十章

个人、企业和产品的品牌建设

我们通常把品牌与公司、产品联系起来——尤其是像苹果或微软这样家喻户晓的公司。然而在如今，即使是个人也有自己的品牌。这意味着对于任何一个企业，至少有三个品牌：企业品牌，产品或服务品牌，以及企业领导者的个人品牌。不管企业的规模大小，这些都是建立一个稳固而成功的综合品牌的关键。

因此，当你在考虑为自己的企业品牌命名时，也必须考虑个人品牌的建设，特别是你想用自己的名字命名企业的时候更是如此。

❤ 什么是个人品牌建设，它为什么重要

所谓"个人品牌建设"，指的是建立并推广你个人的价值观。如果你是公司的创始人，那么你的价值观和精神气质大概率会影响你开展业务的方式。你的个人品牌是你的技能和经验的独

一无二的组合，它代表了你这个人以及你的口碑。如果你的个人品牌得到了有效的传播，那你就和行业中的其他专业人士拉开了距离。个人品牌的建设并不只是名人、大人物、演员、音乐家和运动员要考虑的事，也不只是像史蒂夫·乔布斯这样的商业精英要考虑的事。世界已经发生了变化，如今，我们每个人都需要考虑自己的个人品牌。

个人品牌建设这个概念让一些人感到不舒服，他们觉得这种做法听起来很虚伪、不真实。如果一个人总想着要给人留下什么印象，这种人无疑是很做作吧？他们会不会只顾着如何创造"光辉"的形象，反而忘记了自己的初心呢？但是，我们生活的世界就是这样。人们总想知道在一个品牌背后，站着一位什么样的人。做生意是人和人之间的互动，所以，如果你不让人看到自己的个人品牌，那你的企业就成了一个冷冰冰的、没有人情味的机构了。

很多企业的创始人性格内向，只想专注在自己的业务上。他们出于本能，想躲在企业品牌后面。他们不理解为什么要把注意力放在自己身上而不是放在业务身上。事实上，一家公司的首席执行官就是这家公司的关键人物和形象代表。他们的个人品牌不仅能帮助企业，而且对于客户个人感受来讲，个人品牌让人们对企业的感知更加真实。因此，个人品牌建设其实就是在打造一个能获得客户信任和关心的品牌。

⤴ 你应该用自己的名字命名企业吗

正如我们在第九章看到的那样，许多知名品牌都是用创始人的名字来命名的。我们知道，从品牌建设的角度看，这种命名方法非常好，因为这种名字不是描述性的，而且是独一无二的，它在执行权利方面也更有效率——瑞安航空在品牌名的保护上花的钱比易捷航空少得多，就因为它起了一个好名字。那么对你来说问题就来了：是否应该用自己的名字命名企业？

要弄明白这一点，你要想想自己的长期愿景是什么。你是想最终卖掉这家公司还是想把它当作要干一辈子的终身事业？

小公司当然要考虑用创始人的名字做品牌名。因为这样做有个显著的优势：可以更好地集中资源，推广个人、企业和产品品牌。这时，你要推广的品牌名少了，可以节省很多市场营销费用去发挥更大的作用。如果你在企业、产品和个人品牌里面，都用了同一个名字做核心词（可以添加其他描述性词语区分它们），那么你就可以用同一个域名推广它们，让人们记住你。

我们在前面已经涉及过这个问题，但我认为，你不用担心用自己的名字命名企业会影响企业未来的发展。因为两种观点都有人支持：有的说这样做不会影响企业的未来发展；有的说这样做，会在以后卖掉企业、找合伙人或者自己退出公司管理层的时候，让新接手的人无法刷出自己的存在感。但这两种观点都没有明确的证据。所以我建议，你在起名字的时候不必考虑这一点。你采取什么行动让你的品牌吸引买家是比起名字更重要的问题。

另外需要考虑的就是客户是不是喜欢和更具企业个性的公司做生意。如果公司品牌是创始人的名字，客户会不会觉得他们是在直接和企业的创始人做生意？

现在的创业者都要塑造自己的个人品牌。所以问题就是，你的个人品牌如何和企业品牌联系在一起？有没有充足的理由用或者不用个人品牌来命名企业？

另一个必须考虑的事情是创始人的名字是不是适合做品牌名？这里的原则和你为公司起名时一样。名字不能太难写或者太难读，不能含有容易引起异议的内容。而且你的名字也不能太普通。在一些司法管辖区里，比如在美国，很难将一个普通的姓氏，比如史密斯（Smith）注册为商标，除非这个名字有其他含义。

如果你的名字适合做品牌名称，那么最终是否用它命名企业是一个见仁见智的问题——下面的例子，说明了这种方法何时成功，何时失败。

玛莎·斯图尔特

玛莎·斯图尔特（Martha Stewart）就是一个失败的例子，说明了用创始人名字做品牌名称的这种命名方法的缺点。玛莎的公司一开始做餐饮业，后来扩展到出版业，然后转到生活行业。1999年，她见证了自己的公司在纽约证券交易所（New York Stock Exchange）上市。据《传记》（*Biography*）杂志报道[①]，她在公司的股份市值一度达到12亿美元。接着，在2004年，她因内幕交易等相关罪名，在监狱里服刑了5个月。她创建的玛莎·斯图尔特生活全媒体公司（Martha Stewart Living Omnimedia）一直在试图从受损的声誉中走出来，尝试引入一些非玛莎·斯图尔特的出版物，向新的方向发展。但到了2015年，顺序品牌管理公司（Sequential Brands Group）宣布，他们将以3.53亿美元的价格收购玛莎·斯图尔特生活全媒体公司。玛莎的公司在过去的12年中有11年处于亏损状态。

玛莎·斯图尔特的例子说明，即使创始人已经卖掉了这个企业，但他们的个人品牌和企业品牌还是紧密相连的。所以创始人洁身自好，行为检点非常重要。如果企业的品牌名称不是创始人的名字，这种影响就会小得多。

加里·维纳查克

加里·维纳查克（Gary Vee）则是一个成功的例子。他用自己名字命名的社交媒体公司，在短短几年内发展到1000多名员工的规模。为后人留下遗产的想法激励着他，所以他用自己名字的变

---

① "Martha Stewart", *Biography*.

体作为他的企业品牌，这就是"维纳传媒（Vayner Media）"。

毫无疑问，他打造的个人品牌对他的公司大有帮助。比如，它吸引了合适的员工，让他在重要客户那里建立了声誉。使用创始人的名字可以为企业带来更好的业绩。而且，如果你有一个与众不同的名字，比如"维纳查克（Vaynerchuk）"，你收获的效果会更好。

仔细思考一下：是让你的个人品牌成为主品牌还是让它和企业品牌并行发展？如果你决定把它们分开，那你将如何在个人品牌和企业品牌之间管理资源以及分配有限的预算？

如何在个人品牌以及企业品牌之间分配资源

如果你的个人品牌和企业品牌不同，你应该优先推广哪个品牌呢？不管你成立企业的目的是为了卖掉它，还是为了能干一辈子直到你去世或者退休，如果你的资源只够推广一个品牌，那么我建议你集中力量推广你的个人品牌。

这是因为，做生意就是人和人之间的互动。客户往往认人而不是认徽标。2012年，我在《品牌合法之路》一书中指出，关注你个人社交账户的人，通常比关注你公司社交账户的人多。如果你希望人们关注你的企业品牌，并希望有一天能卖掉它，那么集

中力量建设你的个人品牌的思路似乎与之相悖。然而，这正是你
应该做的。

在你有足够的资源推广两个独立的品牌之前，一个很好的折
中办法就是为你的公司在社交媒体上注册一个账户，然后亲自使
用它。这样人们很容易就知道，你代表了这家公司。然后你就可
以在建设个人品牌的同时，照顾你的生意了。比如，你可以在社
交媒体的账户上用自己的照片而不是公司的徽标。然后你可以用
自己的公司名称介绍自己——在我的实际操作中，我介绍自己是
"全方位产权"的希琳·史密斯，或者是"品牌力量优化框架"
的希琳·史密斯。怎么介绍取决于我想推广哪个品牌。通过这种
方式，你就代表了你的企业品牌。而账户名是你的企业品牌而不
是你的个人品牌。

有几年的时间，我在推特上推广"全方位产权"品牌时就用
的这种方法。当我的粉丝数量达到5000时，我告诉他们，从此以
后，我会用我的个人账户希琳·史密斯发推文，而现在这个账户
只用于和"全方位产权"这个品牌有关的事务了。然后我把这个
账户的头像从我的照片换成了"全方位产权"的徽标。有些粉丝
跟着我到了我的个人账户上。现在，我已经为我的企业和我自己
建立了各自的品牌，接下来我的重点就是推广与业务相关的品
牌，而不是我的个人品牌。这意味着如果我愿意，我可以在我的
个人账户上讨论与业务无关的话题。你可以在任何平台上采用这

个策略——集中精力推广一个品牌，然后在你有了更多的资源之后，再分开推广。直到最近，我的大部分博客文章都在"全方位产权"网站上发表，这是出于搜索引擎优化的考虑。但我现在正在推广"品牌力量优化框架"这个品牌，所以我的重点开始放在brandtuned.com网站上了。然而我在自己的私人博客上明确说，我写的东西主要发表在其他地方，这里只是偶尔发些与"全方位产权"和"品牌力量优化框架"这两个品牌无关的内容。

一般来说，无论你的个人品牌和企业品牌是否一致，都要避免在你的企业账户中发布个人事务（比如你早餐吃了什么），只在这里发布和业务有关的事情。因为如果你希望树立个人品牌代表你的企业的话，人们关注你的原因主要是因为他们关注你的业务。如果你必须发布一些纯属个人的事情——比如你早餐吃了什么，那就在你的个人平台上发布吧。

📡 创始人的个人品牌

如果个人品牌是主品牌，比如托尼·罗宾斯（Tony Robbins）[1]

---

[1] 托尼·罗宾斯（Tony Robbins），励志演讲家与畅销书作家，白手起家、事业成功的亿万富翁，是当今成功的潜能开发专家。——译者注

的情况，那么主品牌就是托尼·罗宾斯，这个品牌可以为每个单独的产品品牌背书（还记得第八章讲到的背书品牌吗？）另一种情况，如果你采用的是企业品牌，那么你还需要单独推广自己的个人品牌。这就是埃隆·马斯克的情况。他的企业品牌是特斯拉，和他的个人品牌不一样。

埃隆·马斯克塑造了一个非常强大的个人品牌，盖过了他的企业品牌。他出色地打造了自己的品牌。不可避免的是，你的个人品牌会影响你的企业，即使你的企业有自己的独立品牌时也是如此。马斯克通过公司品牌讲述自己的故事，他的公司愿景就是他的个人目标。他和客户之间的紧密联系是他建设品牌的核心，也是他讲述故事的核心。当人们购买了他的产品，他们成为马斯克的顾客，也加入了马斯克的故事。他们马上具有了这些优秀的品质，比如关注未来、关注环境。他们加入了马斯克的队伍，共同推动人类进步。在这个过程中，他们成了自己故事中的英雄。马斯克只是这个旅程的向导。消费者在马斯克的激励下采取行动，向人们展示他们的价值观，讲述他们的故事。

这就是关键：建设个人品牌不是为了卖东西。它的目的是展示你的价值观，找到志同道合的人，让他们参与到你的愿景中来。你的故事成为他们故事中的一部分，他们的故事也成为你的故事中的一部分。这个时候，你的个人品牌会变得更有力量。当你开始一项业务的时候，你也希望这些志同道合的人和你在一起。你希望他们关注你的故事。

奥普拉·温弗瑞（Oprah Winfrey）①已经成了一个家喻户晓的名字，她激励并帮助数百万人过上了充实的生活。她希望成为一名教师，激励自己的学生超越自我。她的个人品牌倡导的就是要忠实于自己。她讲述真实的故事，与听众互动，激励他们。故事中的人物都是听众们在日常生活中能够接触到的平常人。她的品牌价值在于激励人们找到自己的使命。我们在生活中真正需要的是觉醒、发现并完成你的使命——这就是她让听众们过上更充实生活的方式。

理查德·布兰森（Richard Branson）②在自己的脸书（Facebook）主页上描述自己为："一个讨厌领带的冒险家、慈善家和麻烦制造者，相信创意可以变成现实。"

比尔·盖茨的慈善事业为他的个人品牌染上独特的色彩。毫无疑问，盖茨致力于慈善事业是他个人品牌的标志性特征。这一点也体现在他的品牌的内容、视觉效果和社交媒体的策略上。

---

① 奥普拉·温弗瑞（Oprah Winfrey），美国演员、制片人、主持人。1986年，她凭借出演电影《紫色姐妹花》提名第58届奥斯卡金像奖"最佳女配角奖"，是当今世界上最具影响力的妇女之一。——译者注

② 理查德·布兰森（Richard Branson），是维珍（Virgin）品牌的创始人。他是英国最具有传奇色彩的亿万富翁之一，以特立独行著称，曾驾驶热气球飞越大西洋和太平洋。——译者注

格蕾塔·通贝里（Greta Thunberg）是一名气候活动家，她在15岁时就发起了"气候大罢课（School Strike for Climate）"运动。这位瑞典少女为了拯救地球，在个人生活方式上做出重大改变。她成为素食主义者，并说服她的父母不吃肉，而且不乘飞机旅行。

米歇尔·奥巴马（Michelle Obama）是一位颇有成就的律师，在她丈夫担任美国总统之前，她就已经是一位有影响力的人物了。奥巴马当选总统以后，她通过写书和在社交媒体上高调亮相来建立自己的个人品牌。她的目的是提升妇女地位。她对这一事业抱着极大的热情，并因为这项事业近年来受到了直接的攻击。正是这种热情让很多人在情感上认可她。她告诉人们，对女性的攻击伤害了所有人，甚至那些身居高位的人也一样。就这样，她把这些信息与生活中的每一个人联系起来，并且激励并影响着他们。

阿迈勒·阿拉姆丁·克鲁尼（Amal Alamuddin Clooney）是出生在黎巴嫩的著名人权律师。她和家人移居英国，她在那里长大并接受教育。她曾参与过许多备受瞩目的案件，比如"维基解密"的创始人朱利安·阿桑奇（Julian Assange）的案件，她还一直坚定地致力于冲突和纠纷协调管理工作。在嫁给乔治·克鲁尼（George Clooney，美国演员、导演、制片人、编剧）之后，她的名声传到了法律界之外。从乔治·克鲁尼的采访中，我们可以清楚地看出，他对妻子的工作非常尊重。阿迈勒·阿拉姆丁·克鲁尼认为，一个人的成长环境并不是成功的障碍，成功取决于你如何利用它。她自己就是一个例子，说明女人不用失去她的女性魅力就能与男人平起平坐。她相信只要一个人努力工作，一切都有可能。值得注意的是，她没有任何个人社交媒体账户，这反映出她在建设个人品牌上的低调态度。

从上面这些例子可以明显看到，你可以根据自己的喜好和风格来打造个人品牌。重要的是知道你做这件事的动力是什么，以及目的是什么。弄清楚这些以后，你才能以适合自己的方式，建立起你的个人品牌和企业品牌。

当你建立了个人品牌，人们会在情感上与你产生共鸣。这意味着你的情绪可以影响到他们，这有利于推广你的企业品牌。

>>> **本章要点** <<<

- 你的个人品牌是你的技能和经验的独一无二的组合，它代表了你这个人，以及你的口碑。

- 做生意是人和人之间的互动。让客户看到你的个人品牌，不要让你的企业成为一个冷冰冰的、没有人情味的机构。

- 对小企业来讲，用创始人的名字命名企业可以让他们集中资源，同时推广他们的个人品牌、企业品牌和产品品牌。

- 个人品牌的名字不能太过普通，或者太难读、太难写，不能含有引起异议的内容。

- 建设个人品牌不是为了卖东西。它的目的是展示你的价值观，找到志同道合的人，让他们参与到你的愿景中来。

第五部分
"E"——建立品牌战略

在"品牌力量优化框架"中，"E"指"建立（establish）品牌战略"。在这一部分中，我们将探讨如何根据你的商业战略制定品牌战略。品牌战略是一个单独的战略，它服务于你的商业战略，但又有别于你的商业战略。

第十一章

如何制定你的品牌战略

品牌很有可能成为企业最有价值的资产。举个例子：总部位于英国的阿卡迪亚集团（Arcadia）进入破产程序并被挂牌出售的时候，这家公司在繁华的商业街上拥有众多高端品牌，比如拓扑肖普（Topshop）、地面矿工（Topman）和塞尔弗里奇小姐（Miss Selfridge）等。在线零售商阿索斯（Asos）同意收购它的部分资产。他们支付了2.95亿英镑，其中2.65亿买的是品牌，只有3000万英镑买的是实物库存。阿索斯甚至没有购买任何实体店，因为他们只在网上运营。想想看：光是品牌就价值2.65亿英镑。品牌是无形资产，包括品牌名和视觉形象，它包含了人们对这个品牌的所有记忆，这些记忆促使人们购买这个品牌的产品。正是因为品牌非常重要，所以要深思熟虑，为你的品牌制定一个品牌战略，而不是任其凭运气发展。

"商业战略"与"品牌战略"

许多企业没有区分他们的商业战略和品牌战略。事实上，你务必要知道，很多品牌专家无法帮助你制定商业战略。如果你是大公司，你会去找诸如麦肯锡（McKinsey）这样的公司帮助你制定商业战略；而如果你是小公司，你就要去找具有很强行业背景的市场人员和业务指导人员协助你制定商业战略。他们会帮助你更好地推广你的想法，帮助你在商业上成功。你在制定商业战略时做的工作，很多都能用在品牌战略上，因为这两个战略有重叠的部分。因此，本书第三部分中的很多建议在这里都适用。在你制定品牌战略时，不要忘了前面讨论过的愿景、使命和价值观。商业战略和品牌战略是一枚硬币的两面。

然而，正如我们看到的那样，如果你不首先制定出一套可行的商业战略，而是直接考虑品牌战略的话，是很危险的做法。你可能在完成视觉形象设计后，就以为大功告成了。你最后得到的可能是一个毫无内涵的品牌。制定品牌战略时要考虑的问题范围，远比设计视觉形象时要大得多。正因为如此，"品牌力量优化框架"要把制定商业战略放在前面讲。我希望你在充分思考后，再着手制定品牌战略。

🐬 品牌规划

一个新成立的公司没有背景，也没有资历。作为创始人，你可以通过个人品牌对公司品牌产生一定的影响。

公司品牌要和创始人的愿景和价值观保持一致。所以，品牌建设的出发点是创始人要在他的行业内解决什么问题，也就是他的经营理念和目的。了解创始人的动机可以帮助确定品牌的战略方向。

不管你是新成立的公司还是现有的企业，制定品牌战略时最重要的一点是知道你为什么要成立这家公司，你的价值观是什么，你的承诺是什么（不一定要说出来），这些都需要理解创始人或者创始人的最初动机（如果他们还对公司有影响的话）。创始人的信念是什么？他创业的目的是什么？对于那些老牌企业来说，创始人可能已经不在公司里了，但是回到过去，挖掘企业传统还是很有必要的。

品牌需要时间的积淀。只有坚持自己的价值观，不断践行它，人们才会信任你的品牌。举个例子，宝马汽车（BMW）从1959年开始一直践行的承诺就是：终极驾驶利器（the ultimate driving machine）。

🔖 基于商业战略制定品牌战略

制定品牌战略包括明确品牌的价值观以及它对客户的承诺，确定品牌的独特个性。它们需要与你的商业行为保持一致。品牌战略直接服务于商业战略——二者必须紧密结合。如果你在制定商业战略时，已经为你的商业理念找到了最佳的商业模式和竞争策略，那么在制定品牌战略时，你就有了思考的基础。

下面这些问题，可以帮助你完成必要的思考：

（1）这个品牌存在的意义是什么？如果没有这个品牌，市场会失去什么？

（2）对于这个产业，我们的长期愿景是什么？

（3）我们希望如何改变人们的生活？

（4）我们最高的价值观是什么？这个品牌永远不会妥协的是什么？

（5）这个品牌有独特的技术吗？有独一无二的能力吗？

（6）如果有传统的话，我们品牌的传统是什么？

（7）我们的品牌在哪些地区、哪些行业中受到法律保护，可以合法声明其品牌权利？

（8）哪些产品以及商业行动可以最好地体现品牌的价值观和愿景？

（9）我的品牌的风格和语言是什么？它有没有什么特别的

个性？

（10）我的品牌希望向客户传达的形象是什么样的？

🐬 品牌的目标

有些人认为，对于品牌来讲，最重要的是它对行业的独特观点。它是品牌活力的来源，是它存在的价值，是它进入市场的指导方针。

比如多芬（Dove）这个品牌就是建立在一个对社会的独特观点上：大多数护肤类品牌都把女性看作是男性的附属品（女性只负责貌美如花、小鸟依人）。然而，多芬推崇的是有自我价值的女性。没错，公司的目标包括创造利润、创造就业机会，但它也有其他的目标。

我们在前面谈到商业战略时谈到过目标这个概念。品牌的活力来自它的市场定位、愿景和理念。为了带领这个企业前行，品牌应该有强烈的内驱力。

在这个过程中，品牌应该注意两种类型的价值观：一是核心价值观——也就是这个品牌之所以成为这个品牌的价值观；二是附属价值观——也就是可以展现一些灵活性的价值观。

谁来制定品牌战略?

布拉德·范奥肯(Brad VanAuken)认为,制定品牌战略应该是企业创始人或者领导团队的工作。它并不是从外边请来的设计师的工作(无论他多有天赋),也不是你的市场营销团队或者社交媒体经理的工作。

无论你的企业有多大,你的品牌战略都与你的企业方向密切相关。品牌战略为品牌发展提供了一个路线图——正因为如此,这一战略必须牢牢把握在企业领导者的手里。如果有必要,你可以在第三方的协助下,对你的战略进行全方位的思考。但你要在与设计团队合作创建品牌的视觉形象之前,完成这些思考。因为在这个过程最后,你总是要找到创意人员,请他们根据你的战略设计视觉形象,所以要在此之前,多方面地请教专家。等到你与设计师接触时,你应该已经完成了大部分思考,从而得到更好的视觉形象效果。

在我看来,咨询不同学科的专家,咨询那些对商业、品牌和知识产权有扎实理解和经验的人,对你的企业大有裨益。"品牌战略"这个词已经被人用得太过广泛了,所以很难知道谁真正懂行。事实上,品牌建设专家来自各行各业,因为品牌建设包括了各行各业的知识。你可能需要在不同的方面请教不同的专家。比如,当涉及为你的品牌起名和创造具有高辨识度的品牌资产时,我建议你去咨询那些在商标和知识产权方面经验丰富，同时又了解品牌建设的专家。但不要假设这些专家也能做法律审核以及商标注册方面的工作。你可以把这些工作留给你的法律团队。这些专家在制定品牌战略方面比传统的律师更有价值，因为他们知道如何保护品牌，能为你在命名品牌以及创造具有辨识度的品牌资产方面提供独特的视角，帮助你创造独一无二的品牌，并获得它的所有权。

⤳ 品牌定位：你希望自己的品牌代表什么？

菲尔·巴登说，即使经过深思熟虑，人们在购买的一刹那也是靠情感驱动的——也就是说，人们靠系统1做决定，并用系统2为自己找到这么做的理由。因此，在你的品牌中注入情感因素很有必要。我们的情感决定了我们的行为，因为我们是以目标为导向的动物。如果你饿了，看到一则食物广告时就会想买，但在你刚吃饱的时候就没有这个冲动。所以，你要思考的是这个产业中的买家在寻找什么，该如何定位才能吸引一部分买家，让他们有动力购买你的东西。你要思考如何和他们建立情感联系。

尽管我们在本书的第三部分重点讲到了目标和定位，但有些公司可能在制定品牌战略时才会让市场营销人员参与进来，研究定位问题。所以你可以回到本书第六章和第七章，那里的内容在制定品牌战略时同样适用。

品牌承诺

此外，你要记住，你的品牌承诺会影响你的品牌定位。

所谓品牌承诺，就是通过持续提供某种产品或者服务，在客户心中慢慢建立起来的信任。当客户认可你的品牌，认为你可以提供独一无二的产品或者服务时，你的品牌就成了一个可以信任的品牌。

客户知道，你有能力提供这种品质的产品或服务，因为你过去一直在这么做。他们在和你打交道的时候，不会踩坑，不会发生什么不愉快的意外，知道你信得过。而从一个还没有获得他们信任的品牌那里购买东西，就会有风险，因为它们的产品或服务还没有经受过考验。一旦某个品牌出名了（哪怕只是在一个小圈子中出名），它就会出现溢价，或者叫市场溢价，因为有些人愿意出更高的价格购买这个品牌的产品，他们对能买到什么心里有数。甚至在你的品牌承诺是价格上的承诺时，这一点也适用。比如，人们宁肯去约翰-路易斯百货商店买东西，也不去某些无名网店购物，哪怕那个网店的东西性价比更高。这是因为在约翰-路易斯百货商店买东西时，质量有保证，购物体验也有保证。顾客在不知名的卖家那里买东西，不会有这种舒适体验。在约翰–路易斯买东西不会出现意外，因为这个品牌承诺的就是物有所值，而它的承诺值得信赖。

你的品牌承诺必须是你真正能够遵守的承诺。品牌失败有三个关键原因，违背承诺是其中之一：

（1）它们承诺的东西无关紧要。

（2）它们过度承诺。

（3）它们不能始终如一地履行承诺。

当你在各种可能性中寻找自己的品牌承诺时，首先要了解客户希望你这样的公司做出并遵守什么样的承诺。用你的客户听得懂的话和他们交谈，让他们觉得你的承诺和他们有关。留意人们表达愿望和需求的方式，然后再观察你的竞争对手和你自己的品牌优势，确定哪些承诺可以为你带来最大的竞争优势，而且是你可以真正履行的承诺。你的承诺必须满足重要客户的需求，并且发挥你的优势。

你的承诺必须让你获得竞争优势，它必须是你可以提供的东西。因为你的承诺就相当于，在这个产业中，只有你可以提供这样的东西。

为了让你的客户明确知道你的承诺，你企业中的每个员工都必须切实理解它，上至首席执行官，下至前台员工，无一例外。

你不仅要和客户沟通清楚，而且在你的品牌名或者徽标出现的任何地方，都要将品牌承诺表现得清清楚楚。

想一想你的品牌该如何通过品牌承诺变得出名：你希望客户了解你的两三件事是什么？有些人把它称为"品牌精髓（brand essence）"；还有些人，比如凯文·凯勒（Kevin Keller）在2019年的畅销书《品牌策略管理》（*Strategic Brand Management*）一书中，把它称为"品牌精华（brand mantra）"。

弄清楚别人如何看待你的品牌

品牌的两个关键支柱是品牌形象和品牌定位。品牌战略架起了一座桥梁，连接起你品牌现在的样子和你心目中的理想模样。通过走访你的客户和主要股东，你会知道他们对现在品牌的看法，以及有什么需要解决的问题。你是沿着当前的道路走下去还是改弦更张，为了商业战略改变你的品牌目标？如果你做出改变，该如何才能不辜负客户对你当前品牌的信任，让他们和你打交道的时候不会出现不愉快的意外？

品牌追踪调查是一个很有用的工具，可以帮助你了解消费者如何看待你的品牌，是不是你的客户，具体包括：他们对你的品牌有什么感受；他们对你以及你的竞争对手的期望是什么；他们是否计划从你这里购买产品或服务。类似"调查猴子"（Survey Monkey）这样的网站就提供标准的调查问卷模板，所以没有必要从头开发自己的调查问卷。

如果你的企业有历史传承，那么你就要回顾过去，看看能从中学到什么可以用于规划未来。

一旦你想明白了以上这些问题，并确定了你的品牌承诺，你就可以定位你的品牌，为你的目标客户服务了。

下面这个例子有指导意义。它讲述了一个有一定规模的公司是如何制定它的品牌战略，来为它的商业战略服务的。这个例子得到布拉德·范奥肯的授权，转自他于2015年出版的《品牌援助：解决品牌问题和加强市场地位的快速参考指南》（*Brand Aid: A Quick Reference Guide to Solving Your Branding Problems and Strengthening Your Market Position*）一书。

案例分析：K元素公司（Element K）

"K元素"是一家在线学习公司。尽管规模很大，但公司发现，他们品牌的目标客户（各个企业主管员工培训的领导）基本没有品牌意识。他们的商业战略是在时机成熟时上市。同时，他们的目标是尽快建立品牌的知名度和差异处，并成为客户首选的在线学习平台。

这家公司的商业战略瞄准的客户是财富美国1000强（Fortune 1000）的公司和各种大型机构。他们的解决方案很适合这些公司。他们的目标客户很好，每单都能带来大量的用户。

　　K元素公司经过调研后发现，他们现有的品牌信息传达的内容前后不一，而且平淡无奇。它只是说明公司提供完整的、综合的解决方案，能够提高企业绩效，带来商业成功，而且高端客户都认可他们的解决方案。

　　他们通过访谈，了解了人们对于培训的需求、期望、担心、关切等各种观念。他们在此基础上，明确了关键决策者以及公司应该突出宣传哪些最有竞争力的优势。基于这些认知，公司开发出品牌的宣传口号，并通过目标客户的反馈进行细化。在这个过程中，他们获得的最大认知就是——尽管人们觉得在线学习有很多好处，但他们担心在线学习方式缺乏人情味。而K元素的平台恰好在解决这个问题上有很大优势。因为在他们的解决方案的设计和实施过程中，方方面面都体现出重视服务的特色。这是他们业务的一个本质特点，深入他们企业的各个方面，包括销售团队的咨询式销售风格。

　　于是，K元素公司基于这两点重新定位自己的品牌：一个是调查研究发现的人们对于在线教育的担心，一个是客户认可的品牌优势。

　　K元素平台熟知人们的学习习惯，对培训业务有独到的见解。他们的见解来自20年来为领先企业提供成人职业教

育的传承和创新。现在，人们可以在他们领先业界的在线
学习平台上体验它——那里有超过800门课，整合了最先进
的教学管理系统，服务方式充满人情味，让人们快乐学习。

在这个案例中，商业战略和品牌战略之间的相互影响很明
显。在你制定商业战略时，你做过一些研究。但这还不够，你
还需要做更多的研究，调查人们是怎么看待你的品牌的，他们
是不是知道你的品牌。

马蒂·诺伊迈尔（Marty Neumeier）在《品牌鸿沟：如何联结
商业战略与品牌设计》（*The Brand Gap*）一书中指出，在你的品
牌战略和客户对你品牌的理解之间，可能存在鸿沟。当我就这个
问题请教他的时候，他说：

对企业来说，重要的不是企业认为自己在做什么，而是客户
认为它在做什么。你可以把企业想象成一个双螺旋结构。一条螺
旋是业务，一条螺旋是品牌。品牌是客户对企业的看法。如果两
条螺旋没有缠绕在一起，在上下两端连接，那么就会出现分离。
你的业务DNA就会断裂。

从马蒂的评论中你可以看到，你必须在理解别人如何看待你
的品牌之后，才可以制定你的品牌战略。

设计一个具有辨识度的视觉形象

制定品牌战略可以帮助你明确你的品牌承诺、你要讲述的品牌故事、你要传达的信息，以及传达这些信息的方法。你的品牌的个性是什么？

你的品牌可能因为创新或者提供了新产品而获得巨大成功。然而，由于别人的模仿，你和竞争对手之间的差异很快就会消失。正因为如此，你在发布自己的品牌时务必要行动迅速。只有这样，你才能从差异化中获益；不然就会被竞争对手抄袭，变得和他们一样了。

一旦你确定了品牌战略，就可以用一到两页纸言简意赅地写出你的需求，交给设计师或者代理机构，要求他们为你的品牌设计一个具有辨识度的视觉形象。在本书中，我无数次提到要把视觉设计放在品牌创立的最后阶段，但这不等于说这件事不重要。对于品牌建设来讲，视觉设计的重要性无以复加。优秀的设计不仅仅是徽标、排版印刷以及品牌规范这些东西。对品牌创意以及品牌定位的精准把握，才是真功夫。一旦你明确了品牌目标和品牌定位，视觉设计就应该助它们一臂之力，让品牌活起来。你要记住的就是顺序不能乱，视觉设计要放在整个过程的最后环节。

务必仔细选择你的设计师。你要知道，推广品牌的方法各式各样，你要找的是适合自己的优秀设计师。理想情况下，在你把视觉设计交给他之前，你可以先找一个小项目跟他合作。一旦竞争对手不可避免地模仿你的产品，提供相同的东西，你的品牌仍然要保持竞争优势。所以你找的设计师要能为你设计出独一无二的品牌资产，作为你的品牌的视觉形象。事实上，你应该在知识产权法的指导下选择你的品牌名和品牌资产。你的设计师和营销人员并不是知识产权方面的专家，所以你要找一个懂品牌建设和知识产权法律的人做顾问，以确保你的品牌受到法律保护并具有足够的辨识度。

你的品牌元素，比如你为品牌创建的任何图标，在选择时都需要注意知识产权方面的事情。这样知识产权法才能为你的底层业务逻辑提供强有力的保护。在你推出自己的产品时，你要留意市面上是不是还有其他公司可能正在提供完全相同的产品。长期来看，只有你的品牌名称、视觉符号、徽标、字体或者其他具有可辨识性的品牌元素，才能把你和别人分开。在你的行业中，这些品牌元素必须是独一无二的。不要赶时髦，因为设计的目的是与众不同，要避免看起来和别人一样。

当进入视觉设计环节，最重要的事情是知道知识产权可以保护什么，不能保护什么。你可以参考竞争对手的视觉形象，尽量和他们不一样，远离他们正在使用和受到法律保护的东西。

要想让你的品牌与众不同，你需要仔细观察竞争对手。你可以做一个表格，记录下竞争对手的视觉形象、传达的信息以及品牌名称。然后，你要为自己的品牌创造出一个完全不同的形象，给客户焕然一新的感觉。正如我们在第四章提到的那样，要优先考虑那些你从一开始就能保护的品牌因素。比如颜色，如果你使用颜色的方法比较独特，比如使用多种颜色的组合而不是单一颜色，你就比较容易获得它的所有权。然而，你要记住，你不可能从一开始就保护品牌的颜色。所以好的做法是设计一个不依赖颜色的视觉形象，以防你以后会更换颜色。

视觉形象的选择

在第四章中，我说过我之所以选择猫头鹰图案作为"品牌力量优化框架"的徽标，就是因为它与众不同。这个猫头鹰图案背后没有一个意味深长的故事，并不意味着你就不能为它创造一个意味深长的故事。

对我来说，猫头鹰代表了智慧。我在谷歌上快速搜索了一下，发现猫头鹰代表了超常的智慧、高贵的沉默和非同寻常的才能。猫头鹰既是伟大的思考者又是优秀的猎手；它们更喜欢智取而不是力胜。我喜欢这种说法。我完全可以围绕猫头鹰创造出一个故事来，体现"品牌力量优化框架"要体现的价值观。而且，如果在这个行业中已经有人用了猫头鹰图案，我也确信自己可以找到其他图案。比如，我可以用一匹马的图案。根据谷歌上搜索来的说法，马象征着勇气、自由、力量、独立、高贵、耐力、信心、胜利、英雄主义和竞争。我在这里可以找到很多"品牌力量优化框架"要体现的价值观。

我要说的是，你可以围绕不同的视觉形象，创造出各种各样的故事来。对于品牌名称也是一样。在设计视觉形象时，你有很多种选择。没有非它不可这回事！你需要和那种能够理解你的目标、能帮助你创造出与众不同形象的设计师或者创意团队合作。如果你有个表格，记录了你的主要竞争对手的视觉形象和品牌信息，那么你就可以确定，你们设计出来的视觉形象在你这个行业中是独一无二的。重要的是，保护你的品牌资产，通过注册商标防止它被人抄袭，可以保证你能在竞争者开始模仿你之前很长一段时间内，保持独特性和差异性。

视觉设计的重中之重就是要在视觉形象上区别于现有的竞争对手，并且选择那些可以马上获得所有权的、具有辨识度的品牌资产。这是保证品牌辨识度的关键。一定要为法律保护留出一定的预算，不要假设你可以自动获得这些权利，不要以为你可以等到以后再注册商标。法律保护是你获得独特的品牌形象的不可或缺的组成部分，这样你的品牌才不会被客户误认为是别人的。法律保护可以阻止竞争对手模仿你独一无二的产品。你要有心理准备，如果你获得了成功，你的竞争对手就会模仿你。如果你没有很好地保护自己独特的品牌形象，他们就很容易得手，你的形象就会失去独特性。那样的话，你花在视觉形象设计上的钱就会打水漂！

>>> 本章要点 <<<

- 企业领导者要负责制定品牌战略。如果有必要，可以从第三方获得帮助。

- 明确品牌的价值观以及它对客户的承诺，确定品牌的独特个性。

- 简要地概括你的品牌策略，让设计师或者代理机构为你设计出具有辨识度的视觉形象。

- 在你的团队中要有一位既懂品牌建设又懂知识产权法的顾问，确保你品牌的独特性受到法律保护。

- 为法律保护留出一定的预算，不要假设你可以自动获得这些权利，不要以为你可以等到以后再注册商标。

第六部分
"D"——推动品牌战略

在"品牌力量优化框架"中，"D"指"推动（drive）品牌战略"。在这一部分中，我们将探讨如何持续地推动你的品牌战略，如何让客户按照你希望的方式认识你的品牌。

第十二章

推动品牌战略

品牌的建设需要时间。一旦你制定了品牌战略并完成了品牌的视觉形象设计，你就应该把打造品牌的重点放在一件事上：通过业务运营，让客户逐渐认清你的品牌定位，知道你承诺的那两三个"品牌精髓"。你在推广品牌时要牢记，你对待客户和其他人的方式以及你提供产品和服务的方式非常重要。业务运营中事无巨细，你都要考虑到。你要知道在消费者购买你的产品或服务的整个过程中，你和他们都有哪些接触点。在这些接触点上你可以做些什么，让你的目标客户更好地了解你，按照你希望的方式了解你的品牌。这是你获得信任的机会。你要传达并履行你的品牌承诺，这样客户就会知道你是个说话算数的人。此外，你还要考虑公司内部的事情，它会影响你的品牌承诺，影响你交付的产品和提供的服务。你会招募什么样的员工？如何激励他们？如何领导你的企业？如何让每个人步调一致？

在你做广告的时候，你要明确你进行市场营销目的，这样你的品牌才会按照你的思路发展。明确广告目至关重要——你的目的是提高你的品牌知名度还是吸引新的客户？是提高客户对品牌的忠诚度、鼓励更多的购买，还是鼓励人们从竞争对手的品牌切换到你的品牌上？是刺激客户增加使用产品的频率，还是鼓励他们持续地使用你的产品？这些目的一定要是可量化的、可衡量的，同时要集中在你的品牌定位中选定的那两三个"品牌精髓"上。

你的品牌战略就是一个指南，指导你在每一件事情上，按照统一的原则使用你的品牌元素，包括广告、市场营销、内部沟通、招募和聘用等。这样做，可以保证客户在和你的品牌的每一次接触中，都能想起上一次的接触。这样循序渐进之后，你独特的品牌资产就能在顾客心中扎下根，让他们在任何情况下都能记起你的品牌。

🐬 品牌激活

当你准备就绪，可以发布自己的品牌时，你可以通过向客户介绍你的产品或服务来激活这个品牌。这么做，你就创造了一种和客户的情感联系，让他们知道你推出了新产品。人们总会被新东西吸引，所以要最大程度地利用这种新奇感，从而创造价值。品牌激活的核心是激起买家对你的新产品、新服务或新业务的兴趣。你可以在发布新产品时让他们试用，让客户试用你的产品或者体验你的服务。这样体验式营销的目的在于让人们谈论你的品牌，在一开始就给客户留下强烈的印象。增加媒体的曝光和关注是关键。

公共关系通常是品牌激活工作中的重要环节。它能协助你找出合适的方法引起媒体的兴趣，这样你的目标市场中，就会有一个或多个媒体报道你的品牌。一个强有力的公共关系战略能够确保最大限度地报道你的品牌，并把它提升到一个新高度。

记住，你的品牌要与时俱进，不断变化。没有什么是一成不变的。品牌建设中有一个悖论：你必须不断变化才能保持不变。你必须一直努力，推广你的品牌，让更多的人认识它。你必须持续不断地满足客户的需求，完成你的品牌承诺，成为市场上一个长期存在的、独一无二的实体。在你的价值观的指导下，这个企业才会成为一个可以信赖的品牌。

你必须讲述一个始终如一的品牌故事，建立客户社群，和他们取得情感上的联系。比如，你可以像很多人那样，通过共同的兴趣把大家组织在一起，或者发布播客吸引志趣相投的人。戴维·艾克以及《品牌策略管理》的作者凯文·凯勒都强调了建立客户社群的重要性。以我个人的经验来讲，建立客户社群对小企业而言很有必要，而且效果显著。

在你制订市场营销计划、决定该如何在各种数字营销和各种线下业务营销之间合理分配预算时，你可以同时考虑与品牌建设相关的活动。比如：

- 搜索引擎优化和内容营销；

- 社交媒体营销；

- 电子邮件营销；

- 付费广告；

- 广播联播、演讲、在播客上做嘉宾，以及其他的线下营销方式。

在打造品牌的过程中，你要记住三个主要问题：

（1）规划完整的品牌体验；

（2）确保你的团队和你的品牌"融为一体"，时刻想着品牌；

（3）短期营销和长期营销要同时开展。

规划完整的品牌体验

想一想客户在购买你的产品时，会在哪些地方接触你的品牌。你如何在每个接触点上，增加客户对你品牌的体验？你如何在服务客户时强化你的品牌承诺？

如果你兑现了自己的品牌承诺，但客户的期望却是其他的事情，就会导致你们的诉求南辕北辙，最终客户会对你失望。正因为如此，你不仅要完成自己的承诺，还要管理好客户的期望。根据你销售的产品，你可能需要在接触客户时，甚至在他们购买你的产品之前，询问他们一些问题，以确定他们对服务的期望。你可以阅读马特·华特金森（Matt Watkinson）所著的《体验制胜：消费者体验的10大黄金法则》（*The Ten Principles Behind Great Customer Experiences*）一书。这是《金融时报系列丛书》（*Financial Times Series*）中的一本。书中告诉你如何发现客户的期望，如何应对那些超出你控制范围的期望。

把这些接触点串起来，让每个客户在每个接触点上都以积极的方式体验你的品牌承诺，你就可以确保建立起强大的品牌声誉，并最终推动品牌成长。

意外之喜

仅仅满足客户的期望通常是不够的——你要超越他们的期望，给他们一个惊喜。当你完成了基本的工作——在每一个接触点上，对每一个客户完成了你的品牌承诺——你可以想一想怎么为客户带来意外之喜。罗里·萨瑟兰（Rory Sutherland）是奥美集团（Ogilvy）英国公司的副主席，他在2019年出版了《创意有魔力：如何想出好点子》（*Alchemy: The Surprising Power of Ideas That Don't Make Sense*）一书。书中指出，成功往往源于细节。

马特·沃特金森特别强调了一个被称为峰终定律（peak-end rule）的现象。具体来讲就是说，我们对一件事的记忆主要取决于结束时的体验是好是坏。

想一想，如何让你和客户接触的最后时刻变成积极的、令人难忘的时刻。为了持续不断地为你的品牌进行这样的思考，沃特金森建议在你的组织内部设置一个高级职位，专门负责客户体验方面的工作。这个职位不属于任何特定的部门，他应该在多个接触点上监控客户体验，让客户在整个业务中的体验保持一致。

案例分析：苹果公司

苹果公司的做法就体现了沃特金森倡导的原则。这家公司对客户的体验始终高度关注。它的品牌价值就是持续不断地生产比竞争对手更好的产品，提供更好的服务。苹果公司的技术支持部门"天才吧（Genius Bar）"就是一个例子，每个客户带着苹果产品来"天才吧"时，他们不光会获得精良的修缮服务，还会体会到被悉心照料的感觉。

苹果公司的目标是设计出业界最好的产品，这意味着它们已经创造出了令人羡慕的声誉。苹果公司设计部门的领导者乔纳森·伊夫（Sir Jonathan Ive）说："如果我们做到了这一点，会产生一系列的正面影响。人们会喜欢我们的产品，会希望购买我们的产品，然后我们就能赚到钱……但我们的目标不是赚钱，而是开发出最好的产品。"①

确保你的团队和你的品牌融为一体

为了确保在每个接触点上，客户的体验都能反映你的价值观，反映你的品牌形象，你的团队必须深刻理解你的品牌，和你的品牌"融为一体"。这要从内部沟通做起。2002年，在《哈佛商业评论》（*Harvard Business Review*）的一篇文章中②，科林·米切尔（Colin Mitchell）指出，内部沟通的原则应该和你面向消费者打广告时的原则一样，这样企业的领导者就可以有效地激励员工。当员工更好地理解了品牌的愿景，他们就知道如何在每天的工作中体现这个愿景。这样一来，客户体验也就更有可能符合公司的品牌承诺。

在米切尔看来，你应该像对待消费者市场那样，对待"员工市场"。你需要让品牌深入员工的内心，让你的产品或服务和他们建立情感上的联系。你需要向他们解释品牌承诺，确保他们的

① "Apple's Sir Jonathan Ive reaffirms desire to stay at company", *BBC*.

② Colin Mitchell, "Selling the brand inside", *Harvard Business Review*.

方向和品牌的方向一致。如果员工认同你的品牌，相信它的目标，那么他们会在工作中投入更多的感情。他们会更努力地工作，对企业的忠诚度也会提高。把他们团结在共同的目标和品牌身份下，你更有可能达到商业目的，也更有可能兑现你的品牌承诺。

所以，在品牌建设中，有一个方面就是你领导这个企业的方式。你需要改变对员工的看法。你要做的不是简单地告知他们，而是要让品牌理念深入他们的内心，让他们相信你的品牌是独一无二的。所以，让员工看到品牌的活力至关重要。

因此，在制定你的品牌战略时，你要考虑的事情除了激励买家购买你的产品之外，还有别的。品牌建设中很重要的一块就是它的使命，它的目的就是创造企业文化，让员工参与其中，激励他们去实现企业的目标和使命。

在确定了你的价值观和使命之后，你就要确保你的团队可以兑现并恪守这个使命。当你招聘员工的时候，你要确保他们的文化和你的价值观、你的愿景相符。作为老板，你要为他们提供合适的工作场所，打造你的雇主品牌，让员工认可你这个企业，帮助你建立你的品牌声誉。这是打造一个持久品牌的关键。你的团队需要兑现并恪守你的品牌目标，每个人都不可或缺。你的使命应该与你的客户和你的团队保持一致。你要和自己的团队沟通清楚，让他们知道你对他们的期望，以及他们要传达的价值观。如果你的员工理

解你的价值观，并且知道如何帮助你实现品牌目标，你就更有机
会让外面的客户理解你的品牌。

员工的绩效应该根据你的品牌目标和价值观来评估。你的员
工和管理层应该知道他们要怎么做，知道他们的绩效评估标准以
及他们在你的价值观和品牌目标中扮演的角色。这样，你就更有
可能创造优秀的企业文化，为你的业务保驾护航。你要做的就是
创造一个优秀的企业文化，体现在你公司的各个方面。在墙上刷
刷标语，或者在你的网站上告诉全世界你的价值观，并不能创造
企业文化。2010年，美捷步的首席执行官谢家华（Tony Hsieh）
写了一本有趣的书：《回头客战略：交易额越高，流量成本越低
的经营模式》（*Delivering Happiness: A Path to Profits, Passion and
Purpose*）。他在书中详细介绍了如何确保你的团队能够兑现并恪
守你的价值观。谢家华谈到了他创建独特的企业文化"用服务感
动客户（Deliver Wow）"的经验；这也是美捷步的口号，表明他
们要提供世界上最好的服务。通过这种方式，这家公司在不到10
年的时间里，从一家境况不佳的在线鞋类销售公司，发展到10亿
美元的销售额。这家公司如今已被亚马逊收购。

客户服务可能不是你品牌战略的核心，但你从美捷步那里
可以学到很多有用的东西。比如如何建立一个合适的企业环
境，帮助你推广品牌价值观以及招募新的员工。有很多公司，
雇主品牌很有名，员工的工作也很惬意。职业点评网站玻璃门

（Glassdoor）每年都会评选出最佳雇主品牌，比如谷歌、集客营销平台核心地带（Hubspot）以及客户关系营销管理平台赛富时（Salesforce）等。很明显，作为雇主，你需要建立自己的雇主品牌，吸引合适的团队成员，让他们有动力去实现你的品牌承诺。

🔄 短期营销和长期营销要同时开展

让我们回到在本书前面谈过的拜伦·夏普的循证研究。夏普发现，消费者选择这个品牌而不是那个品牌的核心原因就是，他们记得这个品牌而且可以找到这个品牌。这就解释了为什么在法国以外的地方，福特汽车（Ford）卖得都比雷诺汽车（Renault）好。更多的人在买汽车时想到的是福特汽车而不是雷诺汽车，并不是因为他们不喜欢雷诺汽车，也不是因为雷诺汽车没有吸引人的卖点，原因其实很简单，就是因为雷诺这个品牌不出名，所以在法国以外的市场上没多少人关注。换句话说，没人想到它。所以，市场营销中最大的问题是如何让人们更经常地想到你，在更多的购买场景中想到你——也就是如何在人们的心中扎下根。对于雷诺汽车来讲，需要让更多的人记住它。这样在买车时，人们就会更多地想起它，去寻找它。

夏普指出，买家对品牌的忠诚是"三心二意"的。有些品牌他们反复购买，但他们很少100%的忠诚，也从来不会从一而终。这意味着不同品牌分享着同一群客户。他们的市场份额取决于竞争对手夺取市场份额的效率——客户是不是记住了他们，是不是能找到他们。在同一个行业中竞争的所有品牌看上去都差不多，不同的只是客户对他们的熟悉程度以及是不是能找到他们。因此，根据夏普的研究，你必须确保客户在想买东西的时候，能够想起你的品牌。要做到这一点，你就需要向更广泛的消费者展开市场营销工作。这意味你要让更多的人知道你。而且，你要让消费者在想买东西的时候，在尽量多的地方看到你。

要做到这一点，我们必须假设消费者缺乏想象力，想象不出我们的品牌能在什么场景以及环境下满足他们的需求。让消费者记住我们就是要让我们的品牌在消费者的头脑中留下印象，并通过广告和市场活动不断刷新这些印象。比如，可口可乐公司可以推出一个广告活动，描绘在海滩上喝可乐的情形。这个广告的目的是让人们下次在海滩上想喝点什么的时候，会想起可口可乐而不是其他的饮料。这种广告不仅仅是让人们知道可口可乐这个品牌，而且是把人们的某种特定消费场景和可口可乐联系在了一起。

对于新品牌来讲，你必须让消费者记住你。你可以告诉他们你的品牌是做什么的、是什么样子的，品牌叫什么名字，产品在哪里出售，他们在什么时间、什么地点会用上你的产品。这些都是你要告诉消费者的基本要点，而且在你早期的市场营销活动中应该体现出来。

因此，一次市场活动应该只针对一个行业入口，而且要和以前的活动有关联，在原来的基础上更进一步。

莱斯·比奈（Les Binet）和彼得·菲尔德（Peter Field）在2013年出版的《平衡长期和短期市场策略》（*The Long and the Short*）一书中，为此提供了非常关键的指南。这本书提出了一个原则，就是如果企业同时进行短期营销和长期营销，它的增长速度最快。根据他们的研究，大约50%到60%的营销预算应该用于面向大众的广告投放，以宣传你的品牌；其余的预算则应该有针对性地用于细分市场，旨在产生即时的销售订单。

换句话说，在做市场活动时，我们应该瞄准特定的客户或者特别感兴趣的买家，即刻为销售团队带来订单，带来看得见、摸得着的投资回报。否则，我们就吸引不来足够的买家——把钱浪费在不会买我们东西的消费者身上是不值得的。所以，我们需要瞄准细分市场。然而，我们从夏普的研究中可以看到，从长远来讲，我们还要让那些有可能购买我们产品的人知道我们的品牌——如果只把注意力放在当前客户的身上，我们就有可能错过未来的客户。这是品牌广告的作用。

正如我们在前面看到的那样，宣传产品或服务的营销活动和宣传品牌的营销活动同样重要，同样需要精心策划。打造品牌是一项长期的任务，其目的是在某一个特殊的定位上，获得消费者的认可。因此，你的品牌营销不能针对性过强；你要面向整个细分市场做市场推广活动，对消费者抱有一种最具包容性的看法。你需要用部分营销预算获得即时的销售订单，实现短期目标，同时，随着时间的推移，你花在长期品牌营销上的钱将为你带来后续的订单，完成那时的短期目标。如果你想建设一个长期品牌，就不能把你的市场营销活动仅仅局限在即时的销售订单上[①]。

>>> **本章要点** <<<

- 在发布产品时，你可以向客户介绍你的产品或服务，和客户建立一种情感联系，并让客户知道你的新产品。
- 看一看在客户购物的全过程中，和你都有哪些接触点。在这些接触点上你都能做些什么，来强化你希望传递给客户的信息。
- 让你的品牌深入员工内心，让他们理解品牌的承诺。在他们与客户沟通时，能更好地代表你的品牌。
- 确保你投放广告的目标是可以量化的、可以衡量的。广告要集中在你在品牌战略中选定的两到三个品牌定位点上。
- 在尽量多的地方展示你的产品。确保客户想买你的产品时，可以找到你。

————————

[①] Mark Ritson, Les Binet, and Peter Field, "The B2B marketing growth formula", LinkedIn Marketing Blog.

总结

　　品牌建设的目的就是把一件商品变成一个品牌。以香皂为例：两块不同厂家的香皂其实差别很小。我们在不同的品牌之间选择，喜欢一个品牌胜过另一个品牌，这都是品牌建设的结果。我希望，当你读到这里时，已经了解了为什么品牌建设是一件很重要的事，而且也更清楚在创建你的品牌时需要做些什么。

　　记住，知识产权就是承载品牌资产的容器，是品牌资产的保护伞。在你为品牌选择或者改变形象时，务必要考虑知识产权方面的问题。品牌名称、产品名称、口号以及任何体现品牌形象的颜色、符号、音乐、形状等，都要考虑知识产权方面的问题。理想情况下，在做出这些选择时，你的团队中应该有一位品牌管理方面的律师。记住，你能保护哪些品牌资产决定了你能创建什么品牌资产。

　　在你推广品牌时，你需要了解自己，了解你的目标市场以及客户需求。你要有感同身受的能力，知道你能解决的问题在客户那里意味着什么。作为企业的创始人，你的世界观塑造了你的品牌。所以，在制定你的品牌战略前，你要花点时间想清楚你的经营理念和价值观。一旦确定了你品牌的价值观以及你愿意做出的品牌承诺（你真心愿意，同时也是市场期望和需要的承诺），你就可以定位你的品牌了。品牌定位的目的是让自己更容易被目标客户看到，让他们更容易购买你的产品。品牌定位需要你选择两三个品牌属性代表你的品牌，然后围绕这几个属性和客户沟通，让他们按照你希望的方式认识你的品牌。

人们通过品牌名称和品牌的视觉形象认出你的品牌。你希望消费者在记住你的品牌时，把你定位的那两三个属性和你的品牌联系起来。你越清楚自己要创造什么样的品牌，越清楚如何将它与竞争对手区分开，你的品牌形象就越独一无二。正如我们在前面看到的那样，为品牌命名是一件非常重要的事。此外，一旦你确定了品牌的视觉形象，就不要轻易改动它；无论它让你觉得多无聊，也要慎重。因为视觉形象的目的就是让消费者认出你的品牌。

你的品牌徽标和其他品牌标识应该注册成商标。如果设计师对商标做了调整，你就需要重新注册。这可能会花很多钱，特别是在涉及国际商标注册的情况下更是如此。但是不更新注册商标，会影响你对商标的保护。要让你的创意人员明白，他们设计的视觉形象在你的行业中应该是独一无二的，并且要根据你已经选择好的品牌元素进行设计，而不是试图改变它们，再增添一些额外的元素。设计师应该在最终确定视觉形象之前，考虑知识产权方面的问题。这样你才能创造出持久的、可辨识的品牌形象。

"品牌力量优化框架"适合任何规模、任何商业目标的企业。在知识产权以及品牌建设方面，你如何使用这个框架，完全取决于你的商业目标。

你的企业是做什么的，它的价值观是什么，它的愿景是什么，人们如何认识你的业务，所有这些细节决定了你如何推广你的品牌。管理好你的品牌非常重要，这样才会有足够多的人把相似的品牌属性和你的品牌联系起来。

要管理好品牌，就需要非常清楚自己的品牌代表了什么，并管理好你的市场营销预算，拿出一部分钱来推广品牌，而不只是为了当下把东西卖出去。如果在你推广品牌的定位时，你传达的信息没有包含品牌深层次的理念，那么从长远来看，你的品牌不会获得很大的成功。

一开始，我写这本书的目的是深入了解品牌建设的全过程，这样我就能理解为什么品牌建设行业把品牌的创建和品牌的保护分开对待。我希望从品牌创建的角度来理解这些问题，来解释为什么知识产权和品牌保护能够也应该帮助你完成品牌建设的目标。

然而，在我写这本书的时候，我发现了许多之前没有预料到的问题。我的第一个发现是，为了更好地传达知识产权保护在品牌建设中的作用，法律专家可以而且也应该做更多的事情。我认为我们需要懂品牌管理这门学科的律师。全球市场从未像现在这样复杂。我们需要一位懂创意、商业、监管、数字市场和法律的，与众不同的律师。

目前，人们往往认为，在品牌建设过程中，需要一位知识产权方面的律师。但他们没有意识到，知识产权方面的律师有很多种，专业技能各不相同，他们并非都适合品牌管理。除非他们的专业就是商标和版权，否则他们可能缺乏品牌建设上的基本常识，无法提出合适的建议。公司的商务律师、专利律师、版权律师，以及那些对商标有一定的了解、提供商标注册服务的人，对品牌建设缺乏深度的认识。而商标律师虽然有必要的技能，但他们需要提升自己的能力，以应对在全球互联网环境下日益复杂的品牌管理的需求。结果就是，公众在咨询知识产权律师时，有时得到的回答是欠考虑的。难怪人们会认为，在品牌建设的过程中，律师唯一的作用就是查询和注册商标！而现在，世界各地的知识产权局让商标注册变得简单了，任何人都可以轻松完成，你似乎连律师也不用请了。但这其实是大错特错的。

另一个我在写这本书的时候没预料到的发现是，品牌建设领域的混乱状态令人困惑。我也没预料到围绕着差异化和品牌目标这些概念竟有这么多争论。因此，写这本书也很有挑战性。

我的结论都是基于埃伦伯格-巴斯营销科学研究所的循证研究做出的。我认为他们的研究是正确的。我走访了一些基于夏普的研究开展品牌建设的人，向他们寻求指导。当我完成这本书的时候，我又发现了一个正式的品牌管理和营销培训课程，并且报名参加了。而且，由于我还在坚持读书、做播客并和客户打交道，我在品牌建设方面的知识也在不断增长。